● 中学美文读本

生存态势

主　编：北京大学中文系主任博士生导师
温儒敏
北京师范大学中文系博士生导师
王富仁

（上）

吉林人民出版社

图书在版编目(CIP)数据

生存态势 / 温儒敏,王富仁主编. —2 版. —长春:
吉林人民出版社,2011.8(2015.5 重印)
(中学美文读本)
ISBN 978 - 7 - 206 - 03829 - 7

Ⅰ.①生… Ⅱ.①温… ②王… Ⅲ.①散文—文学欣赏—世界
②随笔—文学欣赏—世界 Ⅳ.①I106.6

中国版本图书馆 CIP 数据核字(2011)第 180592 号

生存态势

主　　编:温儒敏　王富仁
责任编辑:张立华
吉林人民出版社出版发行(长春市人民大街 7548 号 邮政编码:130022)
网　　址:www.jlpph.com
全国新华书店经销
发行热线:0431 - 85395845　85395821
印　　刷:北京一鑫印务有限公司
开　　本:700mm×1000mm　1/16
印　　张:16　　　　字　　数:187 千字
标准书号:ISBN 978 - 7 - 206 - 03829 - 7
版　　次:2011 年 9 月第 2 版　　　　印　　次:2015 年 5 月第 2 次印刷
定　　价:59.60 元(上、下册)

如发现印装质量问题,影响阅读,请与出版社联系调换。

序

这几年，文学圈儿内鼓噪得不像个模样儿，什么怪诞的、荒谬的、离奇的、粗俗的……各式各样的文学流派粉墨登场，闹得花哨，闹得热火，闹得门前冷落读者稀，还嫌不够来劲，不够刺激。于是，把"美女作家""新新人类"再推上前台，涂脂抹粉，扭腰摆臀，以争取新的亮点儿。

我们姑且把此类文学称之为"泡沫文学"，泡沫者，一闪即逝之物也。文学圈儿内倘若揉进了这类东西，那就无异于假冒伪劣商品，扰乱社会，坑害民众，甚至会致人残疾夺人性命——把文学硬是弄成非驴非马的模样儿，这是整个文学界的悲哀呵。

当然，这些年，我们的文学也有鲜亮的一面，有清新的空气，且不说那些重量级的作家推出的重量级的作品，就是一些野花小草，也丛生争妍，并时不时透出点儿韧劲儿，透出点儿暗香，叫人痴迷得癫狂不已，欲罢不能。

选编《中学美文读本》这套丛书的目的，就是想把散落于各地的野花小草集中起来，培以土壤，施以水肥，以供读者鉴赏。文体以时下较受青睐的精短散文、随笔为主，内容上讲究可读性、独创性和哲理性，有缠绵的情思，悠扬的春曲，亦有心灵的感悟，深沉的反醒。随手撷来，总有些油盐酱醋蕴含其中，让人几多回味，几多思索。

世纪之声交融，野花小草吐芳。

愿滂沛之文风常吹，精神之枝干常绿。

编 者

目录

弱肉强食

淡泊人生

危机四伏

■ 生命的一抹

>> 郭 枫

　　说我像那只在屋角上缀网的蜘蛛，不如说那只缀网的蜘蛛像我，把生命局促在一个小角落里，而后千丝万缕织成一个孤寂的世界。就这样，我独坐在文学天地中，微笑着面对这七彩的人生。任关注我的人叹息，任懂得我的人沉默，任嫉妒我的人讥讽。

　　少年时，总喜欢站在山冈上听风响，躺在原野上看云飞，日子过得轻轻忽忽的，像梦。一切都令人陶醉，一切都美。

　　什么叫做美呢？那时还说不出来。生活在北国的原野上，只觉得天地无限辽阔。早春，在潮润润的泥土上，踏着刚出芽的青草，心头便充盈着颤栗的喜悦，要是在田间找到一朵初绽的小花，更能呆呆地凝视老半天，仿佛怕亵渎了生命的神圣，想采摘却又不敢采摘。秋来的时候，那莽莽的大平原真使人惊奇！从天上到地下，缤纷的彩色每天都有不同的变化，尽够眼睛忙的。等到西风渐紧，黄叶辞枝，我总有无端的喟叹。

　　那些稚气的举动，其实只是在朦朦胧胧中一种粗浅的感受罢了！稍稍成长，我便流离在连天的烽火里。可怪的是：我竟没觉得有多少颠沛的痛苦，却暗暗欣喜能趁此饱赏山河的景色。摄许多美丽的影像于心版上：石头城苍凉的落日，西子湖柔美的夜月，扬子江滚滚的长流……更难忘的是那一次，我徘徊在湘江的河干，一泓秋水，蓝得象镜子似的明澈，对岸的山峰，红叶已灿烂成一片云霞，在澄亮的秋光里，孤村隐约，渔歌悠缓。呀！这岂非神仙境界？于是，便发下了心愿：将来要偕同二三知己，归隐于此。数亩地、几架书、一卷诗，生活象舒卷自如的云彩……

　　那时候，年轻的梦太年轻，美丽的幻想太美！人们谁没有年轻呢？谁没有过美丽的梦想呢？但谁又像我这样沉迷在梦幻中而永不清醒呢？说我像那只在屋角上缀网的蜘蛛，不如说那只缀网的蜘蛛像我，把生命局促在一个小角落里，而后千丝万缕织成一个孤寂的世界。就这样，我独坐在文学天地中，微笑着面对这七彩的人生。任关注我的人叹息，任懂得我的人沉默，任嫉妒我的人讥讽。

这是无可奈何的事。我就是我，在人海中打滚了30多年，依然那么天真或者说依然那么痴傻啊！在需要勒紧腰带的日子里，仍不相信金钱的权力；在儿女成行的年纪，还要去崇拜诗，去迷信美；让许多繁华的机运从指缝间漏过而毫不动容，却常常对于掠过心灵的感受费尽心神去捕捉。有人说：人世深些，年龄大些，思想就会成熟。这句话的真实性使我怀疑，为什么历尽沧桑，我的心灵仍象孩童一样地拙稚呢？

少年时那种登高山、穷幽谷的劲儿，到现在还是兴趣不减。而且，只要有一片静美的天地，我也能欣赏上老半天。每天走过的小径，常年招展的椰影，一片明丽的阳光，一刻恬静的宁静，一朵飞花，一叶新绿……这些都散发着沁人的甘味，在平淡中自有醇厚的情趣在。少年时，我喜欢攀登历史的雕像，去倾听巨人心灵的跃动。现在，我觉得一声寒夜的叫卖，一句村野的俚语，都给我不少的认识。生活于尘俗里，我常发现许多事物每一天都有新的意义，有时在绝对的沉寂中，往往有和谐的天籁洋洋盈耳。说是现实也好幻想也好，我总觉得这缤纷的世界，永远在启示我，充实我，美化我。

可是，美是什么？年轻时我说不出来，现在更不会说。如果说：美是真理，美是永恒。但是，真理象一种金色的蜥蜴，有时会改变颜色，而永恒是玄妙的，有时和刹那没有分别，这些都是我无法了解的问题，不过，我愿我的生命，如同那蓝天中的一缕云，尽管是那么淡淡的、淡淡的一抹，于我已经足够。

■ 赏 析

于世俗之中感知美，欣赏美，沉淀美。——这便是诗人豁达的意境。

生活中难免有太多的无奈和庸俗，难免有太多的伤怀和苦痛，但生活中也蕴含着美，她无处不在，只要你稍加留意，稍加细心，她就会蜂拥而至，启示你，充实你，美化你。

说来说去，关键你还要有一颗淡泊名利、超越世俗纷扰的心，让"和谐的天籁洋洋盈耳"，把一切的阻挡自由生命的屏障统统推倒！

■ 给自己一片悬崖

>> 阿 明

给自己一片没有退路的悬崖，从某种意义上说，是给自己一个向生命高地冲锋的机会。

一位原籍上海的中国留学生刚到澳大利亚的时候，为了寻找一份能够糊口的工作，他骑着一辆自行车沿着环澳公路走了数日，替人放羊、割草、收庄稼、洗碗……只要给一口饭吃，他就会暂且停下疲惫的脚步。一天，在唐人街一家餐馆打工的他，看见报纸上刊出了澳洲电讯公司的招聘启事。留学生担心自己英语不地道，专业不对口，他就选择了线路监控员的职位去应聘。过五关斩六将，眼看他就要得到那年薪三万五的职位了，不想招聘主管却出人意料地问他："你有车吗？你会开车吗？我们这份工作要时常外出，没有车寸步难行。"澳大利亚公民普遍拥有私家车，无车者寥若晨星，可这位留学生初来乍到还属无车族。为了争取这个极具诱惑力的工作，他不假思索地回答："有！会！""4 天后，开着你的车来上班。"主管说。

4 天之内要买车、学车谈何容易，但为了生存，留学生豁出去了。他在华人朋友那里借了 500 澳元，从旧车市场买了一辆外表丑陋的"甲壳虫"。第一天他跟华人朋友学简单的驾驶技术；第二天在朋友屋后的那块大草坪上摸索练习；第三天歪歪斜斜地开着车上了公路；第四天他居然驾车去公司报了到。时至今日，他已是"澳洲电讯"的业务主管了。

这位留学生的专业水平如何我无从知道，但我确实佩服他的胆识。如果他当初畏首畏尾地不敢向自己挑战，绝不会有今天的辉煌。

那一刻，他毅然决然地斩断了自己的退路，让自己置身于命运的悬崖绝壁之上。正是面临这种后无退路的境地，人才会集中精力奋勇向前，从生活中争得属于自己的位置。

给自己一片没有退路的悬崖，从某种意义上说，是给自己一个向生命高地冲锋的机会。

■ 赏 析

向自我发难，"给自己一片悬崖"——"一片没有退路的悬崖"，你才会奋勇向前，才会"给自己一个向生命高地冲锋的机会"，才会战胜自我，完美人生。

人性中常常潜伏着一种可怕的懦弱，前怕狼，后怕虎，畏缩不前，思前想后，缺乏挑战生命的勇气，如此人生，何谈辉煌？何谈成就？

"给自己一片悬崖"，把自己放进虎口，品尝那种历尽磨难之后的愉悦，感知生命强大的力量、欢快的节奏……

■ 懒 惰

>> 老 三

残酷的是，甘于懒惰，就要甘于贫穷。

再没有比一个人想要懒惰更好找借口的了。

我每天晚上写作4个钟头。假如我哪次想偷懒，我只需嘀咕一句，"我可能感冒了吧?"我的鼻子就会马上有堵塞感，讲起话来囊囊的。我就可以心安理得地躺上床，吩咐妻子:"熬碗姜汤来，给我发发汗。"

我每天中午锻炼一个钟头。我同样只需暗示自己:"上午上班干活太累了"，我的全身就会立刻沉重疲乏，昏昏欲睡。

任何一个人想要懒惰，都会有成千上万条理由站在那响应你、声援你、支持你。

不过，残酷的是，甘于懒惰，就要甘于贫穷。

美国的石油大亨哈默博士，生前80多岁高龄时，每天还至少工作13个钟头以上，从没有星期天节假日，每每是中午还在北京，晚上已飞抵了巴黎;第二天早晨又下榻在科威特的王宫中。他富可敌国。懒惰者可以为自己辩白说:"我今生受穷，死后就能升入天堂了。"

可是，你看那些靠吃苦耐劳成功的人，他们活着时，就已经在天堂里。

■ 赏析

这叫我联想起中国人常说的"好吃懒做"四个字来。听起来好像顺理成章，但细细一推敲，倒叫人生出许多疑问来:"好吃"怎么能够"懒做"呢？而"懒做"又怎么可能"好吃"呢？

"甘于懒惰，就要甘于贫穷"——这话说的在理儿。

那些懒惰者为自己开脱的言辞，听起来着实叫人可笑，又叫人吃惊！

还是那句话：要想享受天堂的美景，那就从吃苦耐劳做起吧！

■ 风中独步

>> 诗 坤

抖落一身的微尘，挥别昨日如枯叶般凋谢的我，决心轻装上路了。途中没有了父亲的牵引，伙伴的相随，恋人的依偎，有的只是我自己坚实的足迹。风中独步，留下的是一路的回忆，一路的思索，收获的却是一把打开心锁的钥匙和一颗坚强起来的心。

深秋，在瑟瑟的清风中，独自漫步在小路，缓缓地走着，静静地理着思绪，轻问回归的心，你到底能寻找到什么呢？

顿足回首，童年的我依稀重现，梳着羊角辫，被父亲牵引着蹒跚而来，小路留下我学步的幼小身影。落叶铺地时，总是惊奇父亲那双厚重的大脚，每每踩下，脚底便发出了好听的细碎声响，而自己就是跳起来，落下后仍然是无声无息。疑问缠绕着我的心，终于忍不住发问："为什么我不能让地上的叶子叫？"父亲说："别急，等你长大就能了。"于是，我便耐心地等待着自己长大。

后来，我真的长大了，由小女孩儿变成一位天真活泼的少女。叶如蜂般舞动的秋日，我便引着一群伙伴到小路来，在树下疯跑着，追逐着风中零落的叶子，留下串串欢乐的笑声。无暇顾及是否破坏了小路的静美，青春的每一天都应在飞扬中度过。

光阴荏苒，又是金秋时节，已经成熟的我远离玩伴，与他牵手同行，小路撒满我们共谱的"秋日私语"。偶尔无言，我便暗自欣赏他稳重的步伐，听他脚踏落叶的声音，无意中心里已溢满了沉甸甸的幸福。不知何时他变得心事重重，感觉告诉我缘要尽了。远处孟庭苇哀凄凄地追问着："是不是到了分手的季节？"情份终是随风而去了。沉默中，我埋藏了自己的初恋，小路是惟一无声的证人。

拼命地逃避小路，任心在黑暗中受着煎熬。终于我发现躲是无用的，要想重新找回那份平静，只有让自己再次扑进小路的怀抱。

感谢记忆启动了往日的美好时光，快乐也随着奔涌起来，冲开了郁闷着我的结，偷哭的心终于在小路找回了失去的宁静。

抖落一身的微尘，挥别昨日如枯叶般凋谢的我，决心轻装上路了。途中没有了父亲的牵引，伙伴的相随，恋人的依偎，有的只是我自己坚实的足迹。我不再忧伤，因为我已学会独自前行。

风中独步，留下的是一路的回忆，一路的思索，收获的却是一把打开心锁的钥匙和一颗坚强起来的心。

■ 赏 析

人生坎坷，世人皆有，或大或小或多或少而已。幼稚——长大——成熟，这是谁也摆脱不了的人生之路。"男儿当自强"，女儿也如此！父亲的牵引，伙伴的相随，恋人的依偎，是人生成长的动力，更要具有的是"自己坚实的足迹"！学会独自前行，具有一颗坚强起来的心！向着前方，别回头，朝前走，要学会风中独步，成功就会向你招手！

■ 生命的价值

>> 杨小云

只要自己看重自己，自我珍惜，生命就有意义，有价值。

有一个生长在孤儿院中的男孩，常常悲观地问院长："像我这样没人要的孩子活着究竟有什么意思呢？"

院长总笑而不答。

有一天，院长交给男孩一块石头，说："明天早上，你拿这块石头去市场上卖，但不是'真卖'，记住，不管别人出多少钱，绝对不能卖。"

第二天，男孩蹲在市场角落，意外地有好多人要向他买那块石头，而且价钱愈出愈高。回到院内，男孩兴奋地向院长报告，院长笑笑，要他明天拿到黄金市场叫卖。在黄金市场，竟有人出比昨天高十倍的价钱要买那块石头。

最后，院长叫男孩把石头拿到宝石市场上去展示。结果，石头的身价较昨天又涨十倍，更由于男孩怎么都不肯卖，竟被传扬成"稀世珍宝"。

男孩兴冲冲地捧着石头回到孤儿院，将这一切禀报院长，院长望着男孩，徐徐说道：

"生命的价值就像这块石头一样，在不同的环境下就会有不同的意义。一块不起眼的石头，由于提升了它的价值，被说成稀世珍宝，你不就像石头一样？只要自己看重自己，自我珍惜，生命就有意义，有价值。"

■ 赏 析

　　人生在世，总有贵贱贫富之分，但人间最公平的是生命本身的存在，它赐予每个人肉体与灵魂，赐予每个人相同的机遇和相同的起点，而创造"生命的价值"则需要完全依靠我们自己，"只要自己看重自己，自我珍惜，生命就有意义，有价值"。

　　请珍惜生命的每一个瞬间，像珍惜"一块不起眼的石头"，不断"提升自己的价值"，让一生美丽。

■ 活　着

>> 陆　川

生活是一张巨大的画布，你应该竭尽全力将你所有的颜料都涂在上面。有些人不管变得多么衰老却从不失他们的美丽——他们只是将它从脸上移进了心里。

当你感到沮丧时，一只狗对你是一种安慰，原因之一在于它从不试图探寻你为何烦恼。

给别人提供了建设性思想的人也为自己的一生带来了财富。

无知并不一定是致命的，但它给你带来不少的烦恼。

良好是那种静静的、微弱的声音，但有时又那样强烈而难以抚慰。

生活是一张巨大的画布，你应该竭尽全力将你所有的颜料都涂在上面。

有些人不管变得多么衰老却从不失他们的美丽——他们只是将它从脸上移进了心里。

为别人着想可能意味着给你插上了一对翅膀，而不是为你带来了一双熟鸡腿。

■ 赏　析

活在世上，总会有许多私欲杂念缠绕心头，它消磨着、摧残着你原来纯洁的灵魂，叫你于颓废之中陷入思想的漩涡，不能自拔。

最好是静下心来好好思索一下生存，让凝重的、热烈的思想火花拂去你心灵深处的阴影，让世俗的身子挣脱出来，让理念的头颅重新面对那一轮朝阳⋯⋯

你找到自己深邃的目光了吗？

■ 本　色

>> 舟　舟

英雄和美人一样，都是有敌人的。而英雄和美人的敌人都是岁月。

1968 年，蒙哥马利将军 81 岁了。这一年，将军提出了一个令人吃惊的要求：一定要佩戴帝国剑参加国会开幕典礼。

帝国剑是英国政府给予功勋卓著的军官的一种崇高而特殊的荣誉，但按礼宾规定，佩帝国剑有一套严格的要求。帝国剑很长而且非常笨重，佩剑人必须举着它从皇家画廊走到上议院。在女王讲话时，佩剑人也要将它举起并不能有丝毫的摇晃。要完成这一整套的仪式，就是一个身强力壮的小伙子也感到非常吃力。

周围的人都劝这位 81 岁的老人放弃这个想法。但蒙哥马利拒绝了。他说，他没有老，他要试一下自己的体力。将军佩剑出场。他手中举着的是一柄剑，但在他自己的心中和别人的眼里，这柄剑却是一个象征：它象征着一个军人对荣誉的尊敬和对自己军人本色的骄傲。英雄和美人一样，都是有敌人的。而英雄和美人的敌人都是岁月。将军毕竟老了，81 年的时间足以将沧海变为桑田。英雄或许可以抗拒一切，但他惟一战胜不了的敌人就是时间。

在女王讲话的时候，蒙哥马利手中的剑不由自主地晃了一下，接下来，晃动的不仅是将军的剑，而且还有将军本人了。女王停止了自己的讲话，将军被人扶到椅子上坐了下来……国会开幕典礼在继续进行，而蒙哥马利却从会场上消失了。

没有人注意到将军的离去，人们只知道那个白发老者直到髦耋之年，依然保持着自己的军人本色——挑战自己并且不怕失败。

■ 赏 析

人的生命是有限的，但人的精神是无限的。

蒙哥马利老了，岁月无情地夺走了英雄的青春，但一颗跳动于己的心却始终保持着"对荣誉的尊敬和对自己的军人本色的骄傲。""挑战自己并且不怕失败"——这是一位白发老者一生的写照。

蒙哥马利依然还很年轻……

■ 湖畔沉思

>> 袁 毅

　　人生的幸福并不在于得到和失而复得，而在于不断得到与失去、不断成功与失败的过程中。只要付出真正追求的泪水汗水血水，失败也是幸福的。

　　人是一支会思想的风中芦苇，是一种不可思议的感情怪物。

　　每个人都曾经如醉如痴地渴望过，都曾经如饥似渴地等待过，但每当痴狂的期盼、苦闷的追求变成了一个可触可摸可见的有形事物时，他反而失去了从前那份痴迷、那份执着、那份焦灼，心静如水。往往会在无意之中或者失望之余再次失去它，而后，才又会明白自己曾经热烈憧憬过、上下求索过的价值和意义。

　　每个人都在用眼睛去寻觅自己在大千世界中施展抱负的最佳位置，都在用心灵去呼唤在芸芸众生中与自己携手同行的人生伴侣。他们忙碌着、追寻着、等待着——用自己的一生。在不知不觉中，默默地追逐着自己渴盼得到的美好生活。但他们永远也得不到自己希望的那种美好的生活，他们会发现得到的越多，失去的也就越多。

　　于是，每一次的得到也就等于每一次的失去，每一次的失去也就意味着每一次得到的开始。这中间就有许许多多成功者与失败者的故事。人就是在这些无数次的得到与失去、无数次的成功与失败中逐渐成熟逐渐长大起来的。人生的幸福并不在于得到和失而复得，而在于不断得到与失去、不断成功与失败的过程中。只要付出真正追求的泪水汗水血水，失败也是幸福的。因为人的高贵就在于他不论处在逆境还是处在顺境，他的精神是始终处在高处。

　　——因此，爱因斯坦说："上帝不掷骰子！"

——因此，布雷兹·巴斯尔说："人类只是一根芦苇，原是世间最脆弱的东西。但这是一棵有思想的芦苇。用不着宇宙全副武装地把人类轧碎，一股气流，一滴涓水，足以灭亡他。然而，即使宇宙轧碎他，他也比灭亡他的宇宙更加高贵：因为他知道自己的死亡，知道宇宙的优势……"

现在，我独坐在东湖水面上的石亭里，坐在沾满冬天湿漉漉气息的空荡荡的台阶上，静静地一言不发，凝视着湖上寂清的冬风拂过水面，默默地守望着漫天风雨把湖对岸时隐时现的山峰送入我的眼帘。这时，寒风冷雨拍打着我瘦削的肩膀和冷峻的脸庞，赶我回到亭内避避风雨。可我的心却被一堆无形的烈火炙烤着，一点也不觉得寒冷，不觉得孤寂。侧耳倾听着身下翻滚激荡的湖水，我想：每一个人只能选择一种生活，不管是风平浪静、春和景明，还是阴风怒号、浊浪排空，只要付出自己所有的泪水汗水血水去对待所得到的一切磨难与挫折，你就会发现你已得到了许多比失去的还更有价值的东西。每一个人必须用自己的真情和爱心来度过自己漫长的一生，得到的不需要挑剔或者沾沾自喜，失去的也不需要去追悔或者怨天尤人。得到的属于过去，过去的属于死神；失去的属于未来，未来属于我们自己。"

抬眼凝望茫茫湖上，烟雨凄迷，山色空蒙。那冰冷而潮湿的风雨仍在我的身上蹭着，我丝毫不觉得冷清。猛然间，从丛林那头依稀传来三两声清脆的鸟叫，使人不禁感到一丝暖意。虽然天气依然阴沉沉的，可我的心却是晴朗的。

■ 赏 析

人生未必如梦。

那梦中的旖旎，梦中的甜蜜，梦中的叵测变幻怎么会完全在现实生活中再现？那梦中的果实，梦中的痴情，梦中的浪漫又怎么会在你人生的履历中上演？

"每个人只能选择一种生活"，而这种选择势必会使人孤寂、消沉、痴迷和失落。因为，无论你如何努力，你"永远也得不到自己希望的那种美好生活"，亦即是："得到的越多，失去的也就越多。"

其实，要想获取"人生的幸福"只须信奉一条——"用自己的真情和爱心来度过自己漫长的一生"。让"得到的属于过去，过去的属于死神；失去的属于未来，未来属于我们自己。"

■ 让你的承诺站起来

>> 王安雄

你拥抱的如果只是一只苦苦航行的船，你就站成一叶风雨同舟的帆。雨里有你伴随，风里靠你扶持。你仰慕的倘若只是那面光彩夺目的红旗，你就站成坚定不移的旗杆。旗帜飘扬在哪里，你就支撑在哪里。

你看到了独善其身的堤，坚韧地将自己护卫田园的承诺站起来，日日夜夜站在旷野，而情愿在瞬间即逝的流水旁，一点点磨损自己的青春。

你看到了灵魂如橡的树，默然地将自己托起绿荫的承诺站起来，竭力站得高些，更高些，而不顾及自己可能会成为风暴最先袭击的目标。

多少生命向你证实了：用自己全部情感将承诺站起来所产生的力量和价值无可比拟。

于是你确定让自己的承诺站起来的这一最有意义的生机的人生姿势。

或站成一双双眼睛里期待的桥梁，让生活因你的鼎立于世而抹平一段坎坷；

或站成一盏夜幕下的路灯，让别人因你的可以依持的亮色而平添一份夜行的信心。

你说，你拥抱的如果只是一只苦苦航行的船，你就站成一叶风雨同舟的帆。雨里有你伴随，风里靠你扶持。

你说，你仰慕的倘若只是那面光彩夺目的红旗，你就站成坚定不移的旗杆。旗帜飘扬在哪里，你就支撑在哪里；旗召唤多久，你就挺立多久。

你的感叹深沉而精彩；站不起来的承诺，那只不过是一张苍白、浅薄的标签。

■ 赏 析

堤，站起来的承诺是日日夜夜站在旷野，护卫田园；树，站起来的承诺是竭立地站得高些，更高些，托起绿荫；路灯，站起来的承诺是眼睛不眨地站在黑夜里，平添一份信心；旗杆，站起来的承诺是永久地挺立，飘扬一种自豪。比喻得多么贴切、自然。

于人来讲，承诺轻易，能站起来的有几多？或许这需倾注自己全部的情感和毕生的精力。但"多少生命向你证实了：用自己全部情感将承诺站起来所产生的力量和价值无可比拟"。

让自己的承诺站起来，这是"最有意义和生机的人生"。

■ 别让生命去等候

>> 袁宝明

等候会使你锐气殆尽，丧失斗志；等候是一把锈钝的刀，在你的身心上翻转镂刻难以解读的符号；等候是一种怯场，是用苦痛做佐料，凉拌美丽的生命。

有支歌唱道：让生命去等候……。反复咏叹，生怕你弄不明白等候的意思。

可是我们的生命是如此短暂，你让她等候什么呢？

伊人已去，等候她翩翩归来吗？

秋风正紧，等候草木欣欣向荣吗？

等候会使你一无所有；

等候会使你锐气殆尽，丧失斗志；等候是一把锈钝的刀，在你的身心上翻转镂刻难以解读的符号；

等候是一种怯场，是用苦痛做佐料，凉拌美丽的生命。

年轻的我们无法承受等候之苦。

班车一趟一趟呼啸而过，能搭上哪班你就乘哪班，搭不上你就勇往直前地走下去，一点一点逼进目的地。绝不能等候，绝不能在某个小站眺望成一尊僵死的雕塑。

不论你现在处于一种怎样的境地；

不论你曾经做过多少五彩斑斓的梦并且至今还沉湎其中；

你必须坚定不移地走下去！

你将体会到前进的快乐。沿途也许风光旖旎，也许荆棘密布，也许没有一声问候和鼓励，你都要微笑着走下去……

因为没有等候，我们拥有了今天的辉煌。

因为没有等候，就可以自豪地宣称：我们拥有未来！

■ 赏 析

"你必须坚定不移地走下去"！因为，人生根本就没有退路。在这趟单行的快车之上，我们只能选择前进，支付青春勃勃的激情，带着缤纷斑斓的梦，让生命呼啸而行，让青春亮丽成一道风景。

"坚定不移地走下去"，"你将体会到前进的快乐"，体会到痛苦之后的愉悦和萧瑟之后的美丽。

"等候是一种怯场，是一把锈钝的刀"，它在不断地消磨着你的锐气，让你变成"一尊僵死的雕塑"。

■ 愿你写好这个字

>> 陈国华

世界是美丽的，人是美丽的。世界诞生了人，人美丽了世界。

经历了多少风风雨雨，经历了多少坎坎坷坷，经历了多少沧海桑田，经历了多少斗转星移，终于诞生了——人。

人，这是宇宙的杰作，历史的花朵。有了人，世界开始了巨变，生命发生了质变，整个宇宙都在沸腾，都在讴歌。

人，能劳动，能思维，能够创造生活。这是人的标准，人的概括。它告诉我们人所意味的究竟是什么。

每个人都应该明白，第一要做人，第二要成为人的花朵。因此，我们别无选择。然而，在这个世界上，最难写的字也是我们每个人都必须写的字，就是人字。写好写不好关键在于我们怎样去写。有的人用自己毕生的精力写了，才写好这个字；有的人拿自己生命开玩笑，胡涂乱抹，悔恨终生。

你就是你，我就是我，但我们不仅仅属于自己。你我既是母亲十月的孕育，又是世界千百万年的结果。没有母亲，没有世界，怎么会有你我？我们应该为母亲负责，为世界负责。

世界是美丽的，人是美丽的。世界诞生了人，人美丽了世界。

为了人字的名副其实，为了花朵更加鲜艳，为了世界的更加美丽，朋友，亲爱的朋友，把你的笔举起，把那些不属于人的杂质滤去，用百倍的汗水和勇气，饱蘸生命的汁液和热情，挥写出一个崭新的顶天立地的人字。

愿你写好这个字——人！

■ 赏 析

"世界是美丽的，人是美丽的。世界诞生了人，人美丽了世界"。世界万物中，人站在万物的金字塔的塔尖上，是属于高级类的。人与万物之别，就在于她能劳动，能思维，能创造生活。因此，自从世界有了人，才开始了巨变。

"人"字虽然只有两笔，但要写好它，确实不易。有的人把它写得非驴非马，有的人把它写得歪歪扭扭，有的人把它写得上下颠倒，更有人把它写得顶天立地。为此有的人一生悔恨遗憾，有的人一生则光彩照人。朋友，我们要不枉自己来世上一趟，要对世界负责，因此，要用毕生精力，用生命去认真努力写好这个人字。

■ 人不能向生活称臣

>> 关庚寅

请不要学躲避大海风暴的企鹅，因为大海不会永远风平浪静；请不要当屋檐下苟且偷生的家雀，因为长空不会永远万里晴空。只有不畏险阻，艰苦跋涉，才能领略登上珠峰的喜悦；只有劈风斩浪，死里逃生，才能饱尝飘流长江的壮阔；只有在人生途中遇山穷水尽仍勇往直前，才会倍觉柳暗花明又一春……

几多辉煌，几多幸运，几多痛苦，几多险境……几乎每个人都在自己的生命旅途上迎春送秋，风雨兼程。

有人说：生活是大海的水，是长空的风，它能给你痛苦失望，把你抛进大海无底的深渊；它也能使你激昂兴奋，把你擎到高空辉煌的殿顶……

如果顽强坚硬的岩石向大海称臣，就会被无情的大海生吞活剥，变成沙砾，没有了肉骨；如果光辉灿烂的星星向长空称臣，就会被残酷的长空风化蚕食，变成尘埃，失去了光明；同样，顶天立地的人向生活称臣，也会被生活的大浪淹没，到头来一事无成悔恨终生……

请不要学躲避大海风暴的企鹅，因为大海不会永远风平浪静；请不要当屋檐下苟且偷生的家雀，因为长空不会永远万里晴空。只有不畏险阻，艰苦跋涉，才能领略登上珠峰的喜悦；只有劈风斩浪，死里逃生，才能饱尝飘流长江的壮阔；只有在人生途中遇山穷水尽而勇往直前，才会倍觉柳暗花明又一春的情景……

面对无边的大海，面对无际的长空，勇敢地驾驶起自己生命之舟吧，去大海航行！扬起信念的风帆吧，去搏击长风！古往今来，无数生活的真谛告诉人们：

人，不能向生活称臣，

人，要做生活的主人。

■ 赏 析

"生活是大海的水"，汹涌澎湃，波涛激荡。如果你是随波逐流的小舟，它将把你淹没埋葬。只有把握住正确的方向，"劈风斩浪"，"不怕险阻"，才能到达理想的彼岸。

生活"是长空的风"，飞沙走石，怒吼狂啸，如果你是随风而飞的小鸟，它将把你吹向天际。只有"扬起信念的风帆"，"勇往直前"，才能到达自己的目的地。

人不能向生活称臣，因为它不会垂怜向它乞求的人。它喜欢战斗着的勇士，无畏的开拓者，你要得到幸福，就必须把它征服，这就是"生活的真谛"。

■ 别忘自己的名字

>> 谭宗义

生命的意义不只是为他人捧扬。能以明星的光芒鞭策自己，不息地追星赶月，或许有一天，你的名字也会腾飞进璀璨的星空。只要真实，哪怕只照耀尘世的一隅，哪怕还欠缺些灿烂。

看球，球迷恳请球星签名；听歌，歌迷缠着歌星签名；买书，读者希望得到作者签名的那本。捧场也这般流行，许多人久迷不悟，以得到名家巨腕的签名为荣为幸。其实，你若是拥拥挤挤中极等闲的，何荣何幸？即使真真最最崇拜的确是名声赫赫者肯将名字签到你所购的日记或者书册的扉页上，你也不会沾那赫赫之万一！你还是你！或许，随着春残秋了、情适趣移，你会将那签着明星或者名家名字的纸页不知遗忘到哪里去了。

但签名实在不是一件坏事情，无论在授方还是受方。而如果为了拿名流的名字装饰自己，就失掉了签名的原本的意义。从来的人生都是经由自己的努力真实地做出来的，而不是由别人装饰出来的。别人的名字永远装饰不了你自己。当你将赫赫者的名字向他人炫耀时，你不在那赫赫之中。

应该承认名家或者明星的光芒。但你不该把精力尽付于痴迷。生命的意义不只是为他人捧扬。能以明星的光芒鞭策自己，不息地追星赶月，或许有一天，你的名字也会腾飞进璀璨的星空。只要真实，哪怕只照耀尘世的一隅，哪怕还欠缺些灿烂。

所以，与其争着挤着求某家某星某者的签名，实不如将那家那星那者为模为楷默默嵌进脑海，然后悄悄地执著不息地用智慧和汗水浇灌自己的名字，以逐渐弥补生命的欠缺，逐渐弥补心灵的欠缺。

迷们，千万别迷得太深，千万别把自己的名字忘掉。

■ 赏 析

常常看着歌迷、球迷们拥挤不堪的场面，心里真是想说：别忘记自己的名字！

是呀，签名不是坏事，目的为了装饰自己，就变了性质。这样，很容易忘记自己，忘记人存在的责任。"别人的名字永远装饰不了自己"，因为每个人是独立的个体，只属于自己。

人，活着，执著地去记住别人的名字，还不如让别人记住自己的名字！

悄悄靠近

■ 绿的歌

>> 冰 心

"绿"象征着：浓郁的春光，蓬勃的青春，崇高的理想，热切的希望……

绿，是人生中的青年时代。

我的童年是在大海之滨度过的，眼前是一望无际的湛蓝湛蓝的大海，身后是一抹浅黄的田地。

那时，我的大半个世界是蓝色的。蓝色对于我，永远象征着阔大，深远，庄严……

我很少注意到或想到其他的颜色。

离开海边，进入城市，说是"目迷五色"也好，但我看到的只是杂色的黯淡的一切。

我开始向往看到一大片的红色，来振奋我的精神。

我到西山去寻找枫林的红叶。但眼前这一闪光艳，是秋天的"临去秋波"，很快的便被朔风吹落了。

在怅惘迷茫之中，我凝视着这满山满谷的吹落的红叶，而"向前看"的思路，却把我的心情渐渐引得欢畅了起来！

"落红不是无情物"，它将在春泥中融化，来滋润培养它的新一代。

这时，在我眼前突兀地出现了一幅绿意迎人的图画！那是有一年的冬天，我回到我的故乡去，坐汽车从公路进入祖国的南疆。小车在层峦叠嶂中穿行，两旁是密密层层的参天绿树：苍绿的是松柏，翠绿的是竹子，中间还有许许多多不知名的、色调深浅不同的绿树，衬以遍地的萋萋的芳草。"绿"把我包围起来了。我从惊喜而沉入恬静，静默地、欢悦地陶醉在这铺天盖地的绿色之中。

我深深地体会到"绿"是象征着：浓郁的春光，蓬勃的青春，崇高的理想，热切的希望……

绿，是人生中的青年时代。

个人、社会、国家、民族、人类都有其生命中的青年时代。

我愿以这支"绿的歌"献给生活在青年的社会主义祖国的青年们！

■ 赏 析

细细碎碎的绿，浩浩翰翰的绿，一点点，一抹抹，铺展开来，在路旁，在山坡，在谷地，也在我们血脉滋养的生命的根部。

看呵，它在"包围"着我们、撞击着我们、锻打着我们……"铺天盖地"的绿色静默地、欢悦地孕育着强大的生机和力量，孕育着我们青春的风貌青春的风采……

朋友，你"崇高的理想，热切的希望"是否饱蘸着生命之绿呢？

■ 人生有约

>> 刘 墉

对生活，我们经常有吞咽而无咀嚼，有经过而无回眸。那么，让我们在漫长的一生中，手里没有宝贝或暗器，但有颗清清明明的心。

"一个老人，一个年轻人，一堂人生课"。书的封面上这样写着。我说的是译文出版社的新书《相约星期二》，一本在美国连续半年多占着畅销书排行榜的读物。世界变得真快，现在，老人也能畅销了？

我用一个晚上读完此书。很浅显，不卖弄。

书中的老人名叫莫里，是个老师。他不幸生了一种奇怪的病，从脚下往上，人在慢慢地死去。他看着自己身体的背叛，知道来日无多。在最后的日子，莫里给自己过去的一个学生开了一门课程：生活的意义。一个老师对一个学生，每星期二。这门课是如此重要，值得学生每周坐飞机飞行七百英里，来听老师的最后的阐述。莫里所讲的不是许多侦探小说中的情节，哪里有秘方，哪里有宝藏。他所谈论的依次是：世界，自怜，遗憾，死亡，家庭，感情，对衰老的恐惧，金钱，爱的永恒，婚姻，我们的文化，原谅，完美的一天。在第十四个星期二，莫里已无法上课，学生向莫里告别。

读完此书，我最深的感慨是，我们应该趁着还有将来，赶紧补上一堂人生之课。应该有时间，退后一步，看看自己走过来的脚印，想一想上面的那些话题。在我们的一生，很可能，每一步都是对的，但是人生的大的方向错了。很可能，把最重要的事情耽误了，把最要命的东西遗失了。我们没有料到，人的真正使命在于找寻坦坦荡荡的，从心所欲的，宁静致远的感觉。用莫里的话说："与生活讲和"。

书中，垂危的莫里这样描绘自己认为的完美的一天：早晨起床，进行晨练，吃一顿可口的早餐。然后去游泳，请一两个朋友共进午餐，边吃边谈家庭和友情。然后去公园散步，看看自然。晚上，吃上好的意大利面食，剩下的时间就用来跳舞。"我会跟所有的人跳，直到跳得精疲力竭，然后回家，美美地睡上一个好觉。"

学生问："就这些？"

莫里说："就这些。"

这是一份平平常常的人生的菜单，毫不奢侈。就这些？我们不满足，是因为我们的贪婪，因为我们忘记了，平常的生活所蕴含的美好和珍贵。对生活，我们经常有吞咽而无咀嚼，有经过而无回眸。我们要得太多。

那么，让我们在漫长的一生中，有一个晚上，坐下来，听一位老人的叙述。他说自己是终身的教师。他手里没有宝贝或暗器，但他有颗清清明明的心。

■ 赏 析

善待生活，善待我们生命的每一分钟。

不要让"贪婪"的念头占据你的灵魂，不要让纷繁的念头侵扰你的思想，也不要于无聊的消磨自己宝贵的生命……

"人的真正使命在于找寻坦坦荡荡的，从心所欲的，宁静致远的感觉"。

摆脱阴霾、困狭的思想，摆脱奢侈、虚荣的念头，静静地，寻觅自己的那一块绿地，那一片湛蓝……

■ 只要你在不停地走

>> 魏 峰

只要你在不停地走，单调、枯燥的青春就会旋转成一个美丽的万花筒，把沿途的风景一一展示给你看，让你再也不会觉得寂寞与孤单。

那次和一位朋友一同去爬一座很巍峨很有名的山，下山的时候却迷了路。正当我们急得团团转的时候，隐隐约约地听到了淙淙流水声，循声找去，只见清亮亮的泉水已在一块岩石上蹦来蹦去，那小小的水泡该是它甜甜的笑。

朋友说："我们顺着山涧走下去，一定能够走出这座大山。"于是，我们便把影子交给溪水，让它牵着我们的心绪一步一步地向前走去。在和山涧同行的过程中，我们发现山涧所走的是一条什么样的路呵一沟沟坎坎、磕磕绊绊，奇岩怪穴、褐斑绿藓……

但是，山涧并不因为路途的曲折与艰难而停滞不前，它依然在默默地走自己的路，终于把我们带出了那座浓雾弥漫的山。我们轻轻地吐了一口气，呵，霎时觉得风好暖好暖，空气好鲜好鲜。

朋友说：你看山涧还在不停地向前走，出山，并不是它唯一的目的。一条又一条山涧汇成了河，它们又流向了远方，去寻找大海的蔚蓝……

我说如果山涧惧怕路途的坎坷，而只顾在山中徘徊、流连，那它最终只能变成死水一潭。

那么，有血有肉的我们是否也应该有一股永远前进的精神？回答是肯定的。正像季节在不停地走，岁月才不断地更替、交叠与嬗变，我们因此才享受到温暖怡人的春天，阳光明媚的夏天，成熟丰腴的秋天，银妆素裹的冬天。

只要你在不停地走，单调、枯燥的青春就会旋转成一个美丽的万花筒，把沿途的风景——展示给你看，让你再也不会觉得寂寞与孤单。

只要你在不停地走，生活这条路不但会被你越拓越宽，你还会发现那个名叫"成功"的终点，已经离你越来越近，就在你不断迈动的两足之间。

■ 赏析

山涧从源头走出大山，从山口走进河流，从河口走入大海，所走的路是沟沟坎坎、磕磕绊绊。这是个漫长、艰辛的历程。只是，山涧学着把影子交给大山，把笑声传给河岸，把梦想寄给大海，把脚步留给自己，它不惧怕、不徘徊，不流连，从成为死水一潭的可能变成宏伟博大的海洋。

人生一路，艰难困苦，但只要你不停地走，寂寞蹉跎的伤感永远压不倒奋力进取的品格。

不停地走吧，学着化整为零，学着走一个缤纷的人生。生命由此晶莹透明！

"死水一潭"的生命，可悲可叹！"死水一潭"的青春，可怜可悯！

■ 纯 真

>> 邓　皓

纯真是对人生、友情的高尚付出；伪善是对人生、友情的卑劣索取——珍贵的付出是最大的得到；廉价的得到是最大的失去。

A

你曾一度很自信地张大眼睛，眼眶里盈盈地盛满两个字：纯真。

而你的眸子有一天会黯淡下来——这个世界很多的时候偏偏是阴天。而你原来希望所有的日子都是晴天！

B

纯真有时候恰恰使你走向迷惘，甚至使你迷失了自己。

这个世界有些令你真假莫辨，纯真有时候会孤立成一种抽象的存在。

C

年轻正意味着纯真与不纯真的过渡和选择。可以说纯真是与生俱来的一种自然，不纯真是一种从自然走向自然后的自然。

你不失去对生活的挚爱与信赖，亦即不失去你的纯真。生活总是渴望你掬献更多的纯真。

D

纯真的天地被真诚、理解、信任的光环编织得一派灿烂；

伪善的樊篱被偏狭、贪婪、诡谲的翳影搅和得一团浑浊。

纯真是对人生、友情的高尚付出；伪善是对人生、友情的卑劣索取——珍贵的付出是最大的得到；廉价的得到是最大的失去。

E

纯真的沦丧，亦即对生活信念的沦丧。

永恒你的纯真，无异于永恒你坦然的人生。

■ 赏 析

读完文章，这样一个问题起伏在思维的海洋里：人活一世，拿什么来点缀人的性灵和情感？问题太深，常常无从回答。而文者做出了一种解答：纯真能够。

纯真给人一颗敏捷的心，给人一腔美好的感情，让你牢牢地站在时间与生命之间。

纯真能使人格、人性光洁润泽。能够纯真是一种境界，能够纯真是一种高度。

正如"永恒你的纯真，无异于永恒你坦然的人生。"

■ 带着成熟寻找

>> 王书春

不能没有梦想，不能没有热情；失去了梦想和热情，生命之树只能生长冷漠和无聊，生活中也就永远失去了阳光。

带着梦想寻找，带着热情寻找，带着成熟寻找……

不能没有梦想，不能没有热情；失去了梦想和热情，生命之树只能生长冷漠和无聊，生活中也就永远失去了阳光。

只有梦想，没有成熟，人生便没有根基。理想很高远，那是飘在天空的彩云，但也很快就随风而逝；目标很大，那是竖在远方高山上的一面旗，遥远得不知从何处走起。有梦想，说明还有希望、还有追求、还有志向。但梦想必须经过成熟过滤才能成为人生飞翔的双翼。

只有热情，没有成熟，人生便没有底蕴。热情之火，只能点燃盲目的冲动，只能点燃不符合实际的狂想，只能点燃虚无缥缈的梦想，有时还能点燃愚蠢的念头……不过，有热情，说明还有生活的渴望，还有人生的向往，还有美好的理想。但热情必须经过成熟过滤才能成为人生前进的动力。

经过成熟过滤后的梦想与热情，没有了狂热，没有了狂想，没有了狂为。梦想化为引导行动的理想和目标，为人生的航船指引方向；热情化为人生航船的发动机，驱动着人生向目的地全速进发。

成熟不会抛弃梦想，不会抛弃热情。成熟是一株生长缓慢的植物，梦想是水、热情是肥，只有适量的施肥浇水，"成熟"才会长成大树，这棵大树会结出硕果——成功的人生。而没有梦想失去热情的成熟一定是棵"怪树"，只能结出麻木、冷酷和狡猾。

人生永远在寻找，没有人会指给你前方的路（即使有人指给你路，那路也不一定适合你走）。只有带着成熟寻找。带着成熟过滤后的梦想与热情寻找，才会有能力经受挫折跨越障碍，目标坚定地走向自己的人生理想；才能有信心战胜困难攀登高峰，永不停下前进的脚步，向自己的人生理想冲锋。目标坚定，却需要寻找道路，登上人生高峰的路是艰险而无人走过的，只有时刻在前进中寻找，才不会因走错路而荒废生命，才会有能力让生命显现辉煌。

■ 赏 析

"人生永远在寻找"，途中，自己要带着什么？文者说，带着梦想、带着热情、带着成熟……

寻路途中，可能有艰辛，可能有迷惘，甚或有危险。而人生飞翔的羽翼是成熟过滤后的梦想；人生前进的动力是成熟过滤后的热情。成熟离不开梦想与热情，它是它们的沉淀和凝结，更是一种高升。

人生在寻找，成熟也是寻找的一种。

带着成熟寻找，人会免去许多铅华和险恶！

小草，总是新鲜美好

>> 刘晓阳

往事越千年，百代化尘埃，惟有小草，总是新鲜美好。定是小草的灵魂属于这样的人们：决不跪在圣坛下，以显示金钱的高大，功名的荣耀。定是小草的道路闪耀这样的人生：走遍天涯，只要根植祖国的土地，就会以忠诚和奉献傲视一切野火和风暴。

不是春天来到，我才赞美小草，而是冰封的世界总在盼望这样温馨的手，悄悄拂去命运的寒潮。

不是娇嫩矮小，我才珍重小草，而是从南到北，都能望见这样顽强的身影，默默酿造生活的美好。

往事越千年，百代化尘埃，惟有小草，总是新鲜美好。定是小草的灵魂属于这样的人们：决不跪在圣坛下，以显示金钱的高大，功名的荣耀。定是小草的道路闪耀这样的人生：走遍天涯，只要根植祖国的土地，就会以忠诚和奉献傲视一切野火和风暴。

呵，小草，使高山与高山之间，产生联系的纽带，架起永恒的鹊桥。小草，使白云与白云之间，涌来成群的牛羊，天空从此不再显得单调。小草，使心灵与心灵之间，不再戈壁连着戈壁，而是绿洲环抱。

因为有了小草，通往理想道路的路基经受住潮水的咆哮。因为有了小草这样的人们，崛起于亚细亚莽原的脊梁经受住血与火的熏烤。因为有了小草这样的人生，未来世纪纪念碑的底座，才能没有在大地震中倾斜、动摇。

时代的魅力，青春的骄傲，真正属于小草——把一己谦卑的微笑还赠给东方美丽的太阳，用生命有限的种子去延伸地平线无穷的春光，便是小草的胸怀，小草的情操。

面对春天，面对世界，青年朋友，让我们都来争做小草。相信吧，小草会使我们的青春总是新鲜美好。

■ 赏　析

小草，总是新鲜美好。在"冰封的世界"里"悄悄拂去命运的寒潮"，"从南到北""默默酿造生活的美好"。它"使高山与高山之间""架起永恒的鹊桥"，"使心灵与心灵之间""绿洲环抱"。

小草，总是新鲜美好。在贫瘠的土地上吐绿绽青，"傲视一切野火与风暴"，不在圣坛之下求取"功名的荣耀"。

青年朋友，我们也要有"小草的情操"。将拼搏献给时代，将青春献给祖国，在人生的道路上铺展希望，对困难和险阻招以嘲笑，让生命永远新鲜美好。

■ 走过青春驿站

>> 陈大明

汗，青春的营养物质，青春因汗水浸泡而显丰盈饱满；泪，青春的溶剂，青春被溶解而稀释，稀释的青春被溶剂分解得只剩下一副刚强不屈的身躯。青春只是一杯酒，越饮越醇厚；青春只是一张白纸，越画越深妙。

一首诗，朦胧得离奇，灿烂得耀眼；一缕风，清新得心醉，飘驰得惊人。

眨眼之间，青春便溜走很远很远。

脚步走过，天空没留下什么；青春走过，额头留下皱纹。试着用心情熨平额头上的皱纹，结果心叶也印上了岁月的痕迹。心慌意乱之际，驻足等待，青春却早已踏上前进的列车，毫不留情地独自远行。

等待青春只能等待皱纹的蔓延，等待青春只能等待岁月的唾弃与白眼。

青春只是人生旅途中一个小小的驿站，没有执勤人员，没有售票处，没有站名。不经意地驶进，不经意地驶出。驶出驿站，便是选择，选择早已在驿站中酿熟。

奋斗者独自潇洒，穿过驿站，留恋站前那段风景，十字路口泪流满面，徘徊不知往何方。

汗，青春的营养物质，青春因汗水浸泡而显丰盈饱满；泪，青春的溶剂，青春被溶解而稀释，稀释的青春被溶剂分解得只剩下一副刚强不屈的身躯。

走过驿站的人说青春难以忘怀；面对驿站的人说青春难以读懂。其实，青春只是一杯酒，越饮越醇厚；青春只是一张白纸，越画越深妙。

青春是一位公平家，普天下之人都有青春。白痴认为它贱，随意浪费，自己也就永远是白痴；勇士认为它真，时刻追求奋斗，自己也就永远是勇士。

面对青春，撒一把汗水，挺起胸膛走过驿站——

前面又是一片朗朗的天！

■ 赏析

曾有人这样诠释着青春：人生如一棵大树，青春就是扎根，扎根越深，吸收越广，花就会开得越繁，果就会结得越密。而文者认为，青春是一座驿站。

驿站是静处的，无语的吞吐着匆匆的旅客。青春是驿站，走过时，奋斗者在那里养好精神，蓄足力量；懦弱者在那里一味地欣赏风景，为的是不错过的唯一的风景，却不知自己已错过青春。

青春是个驿站，而生活是流动的，生命是流动的，唯有无悔静静地矗立在站台。青春驿站，停好，走过时，人已无悔！

■ 心里的晴空

>> 祝 勇

当我们携手踏上风雨之途，也会有繁星用幸福的微光照我们，也会有日月用快乐的明亮引我们，那是心里的晴空，是你我不灭的理想。

这世界会有许多风雨，许多阴霾的日子。你说。

那么，就让我们在心里，拥有一片晴空吧。我说。

当我们站立在湖边，悉心谛听白鸥小唱，天空已将那份宁静与晴朗，映印在我们心上，就像映印在无波的湖面上那样。

其实，我们心里的晴空，比起湖面上方的那片，更加艳丽明亮，因为它凝积了我们青春的虔诚和希望，因为它浸透了我们生命的辉光。

在我们心灵的晴空里，太阳月亮会演绎出许多新的故事，和风细雨会编织出许多有真谛的诗章。

我们会好好守护它的，不让它受到玷污和损伤，倘若真有阴云笼罩我们的头顶，让我们一起阻挡风雨吧，用我们稚嫩的同样也是坚实的肩膀。

当我们携手踏上风雨之途，也会有繁星用幸福的微光照我们，也会有日月用快乐的明亮引我们，那是心里的晴空，是你我不灭的理想。

■ 赏 析

人生一路走去，有时也许会被人世的风吹得东倒西歪，也许会被人世的雨淋得满身皆水，我们眼前可能一片黑暗。就如文者所言：

"这世界会有许多风雨，许多阴霾的日子"。对于这些，或许我们确实无能为力，但至少应有感情上的承担。

关注黑暗应是我们的责任，但这是为了更好地享受，寻找光明。也就是"黑夜给了我黑色的眼睛／我用它寻找光明"。

置一片"心里的晴空"吧，或许人会活得容易些。

■ 柠檬树

>> 金 玲

　　朋友的真正含义是：朋友并不一定是经常见面的人，朋友也不是可以互相利用或者将来可能用得着的人，朋友之间也许一年到头不打一个电话，不写一封信，真正的朋友是那种在最平常的日子里你所惦念的人。

　　有一天，是一个特别平常的日子，既不是我的生日，也不逢年过节，我吃完午饭正在厨房里洗碗，听到收音机里有人在念我的名字，他说他要给他喜欢的人点一首《柠檬树》。

　　我赶紧擦干净手从厨房里出来，开大音响上的旋钮，坐在阳光下，下巴颏一点一点地跟着《柠檬树》的节拍跳舞。

　　我的那位朋友在留言簿上写道："虽然我不知道这首歌是什么意思，但我知道你喜欢。"

　　听了他的这番话，我忽然懂得了朋友的真正含义。朋友并不一定是经常见面的人，朋友也不是可以互相利用或者将来可能用得着的人，朋友之间也许一年到头不打一个电话，不写一封信，真正的朋友是那种在最平常的日子里你所惦念的人。

　　我曾收到过广西一个女孩子给我写来的信，她在信中对我说："赵凝，我从不刻意去买你的书，但是我觉得你像个老朋友似地总在某个街口拐弯处等我，现在我手里已经有好几本你写的书了。"

　　读者能够把我看成朋友，这是我一生中最幸福的事。还有那个点《柠檬树》给我听的男孩，他也是从我的书上认识我的。在这个平淡的午后，阳光涌进房间，"柠檬树"的旋律一直在耳边打转，我想起那些我从未见过面的，但又时常惦记起我的朋友，心中充满感动。

　　有个东北的女孩子打来电话说她想问我一个问题。她说："你认为世界上有真正的友谊吗？"我说："当然有。"她说："我怎么没遇见，我觉得人与人之间都是冷酷自私的。"

女孩说因为她长得不怎么好看，所以周围人全都对她爱理不理的，很冷淡。别人不爱理她，她也不爱理别人，慢慢地就觉得自己仿佛生活在一口枯井中，天空很小，四周是又冷又硬的石头，她陷在里面，无论如何也爬不出来。她说别人都说青春是美好的，她却觉得干什么都没意思，每天就是吃饭、睡觉，她喜欢读书，但她认为书上的话并不那么真实可信，她在电话里语气尖锐地问我：

"为什么你在生活中总能遇到那些感人的、充满人间温情的事，而我所碰到的总是一些鸡毛蒜皮、不值得一提的小事呢？"

我告诉那女孩，其实我遇到的也都是生活中的一些小事，哪一个人不是生活在"鸡毛蒜皮"里面呢？我很喜欢刘震云的一篇小说《一块鸡毛》，小说的内容很琐屑、很絮叨，是现实生活的真实写照。我们生活在"鸡毛蒜皮"里，但并不等于"鸡毛蒜皮"就能蒙住我们的眼睛，我们要善于发现生活中那些闪亮的东西，它们就像是沙滩上那些极其微小的晶亮石粒，星星点点，点缀其间。试想，如果世界上没有沙子，全部都是钻石，那么钻石还能像今天这样珍贵吗？英国哲学家、经济学家休姆曾经说过：

"事物的美存在于仔细观察者的心目中"。

所以，我说，女孩，你该睁大你美丽的双眼，面对生活。

■ 赏 析

"事物的美存在于仔细观察者的心目中"。

或许是一首曲子，一个眼神，一句问候，都蕴含着美的全部内容，在那些"最平常的日子里"，在那些"鸡毛蒜皮"的小事里，你都会发现那么多"闪亮的东西"，"它们就像是沙滩上那些极其微小的晶亮石粒"，星星点点，点缀其间，让你于困囹之中拣拾起生命缤纷的花瓣，去装饰你的四季。

你睁大那双发现美的眼睛了吗？

■ 花 语

>> （台湾）爱亚

四月，不寒冷可也还没有开始热，花朵儿如人，迎着好风好日，开开心心欢欢畅畅地穿戴起一身美衣裳。四月的花，集春与夏的奢华，伴着人们心中的春与夏，有微暖、有热情、有懒懒的甜意。

在古老的西方神话故事里，花语占了美丽的一个小章节。

红玫瑰是爱情

瓜叶菊是快活

花菱草是拒绝

荷花代表君子

向日葵代表孤僻

秋海棠代表亲切

郁金香代表爱的剖白

……

我从来不管花语说的是什么，凡花，我皆爱。

四月，几乎是花开得最美的季节。

四月，不寒冷可也还没有开始热，花朵儿如人，迎着好风好日，开开心心欢欢畅畅地穿戴起一身美衣裳。四月的花，集春与夏的奢华，伴着人们心中的春与夏，有微暖、有热情、有懒懒的甜意。

花是最好的礼物，当有人送我花朵，我一定会急速地忘记那人曾经给我的麻烦、困扰甚至伤害。

记忆中有一个小女孩，她喜欢送我一支红玫瑰，两朵香石竹或是一小束白色的雏菊。后来，小女孩长大，结婚，做了母亲。在思念她的时候，我也会有一些耽心，怕在柴米油盐的现实中她会遗忘了买花送花的快乐。

买花送花的快乐我迫切地一次又一次去享有的！一大棒素青的山百合，一大捧诡异的紫玫瑰，一大捧娇雨的粉丁香，一大捧眨着眼的鹅黄星辰！买花的时候会忙着挑选配衬的宽窄缎带而忘记什么是"精打细算"，怀抱花束的时候会呵护着花儿而坚拒坐公共汽车。有时，觉得花儿是另一种魔，让你爱得会做错事、说错话、表错情却毫不后悔的可爱的魔！

我尤其爱送花给男子！

我尤其爱看花给男子后那名男子惊讶、失措、喜极而语无伦次的模样。对自己这份促狭，我是颇得意的。

有些男子会大手抓着花束，高举空中不知拿这花如何是好。有些男子会紧紧怀拥着花香，差不多要落下泪来。有些男子，唉！大呼大叫，然后"我，我，我……你，你，你……"无以为继。不过最呆的一种是自以为表达得体的那一种，他会说：

"谢谢，我回去转送给我太太。"

这种人呆，因为他不明白男人也应该拥有花，男人也可以喜爱花。

一次送了一满怀黄玫瑰给一个"男朋友"，他感动地说：

"人们都认为男人不爱花，那是因为从来没人送花给男人！"

形容女人娇艳如花的是男人。爱女人的娇艳的也是男人。男人在逻辑上，绝对是爱花的。

我知道了，你现在一定在想，哪一次，可以找个机会送哪一名男性朋友一束花、两枝花或是满怀花！

好极！你的念头真是好极！

■ 赏析

世间何人不爱花的馨香、娇艳、怡人呢？

既然你我的生活被困惑和抑郁紧紧包围，为什么不在我们的周围遍插花朵，遍插爱的旗帜呢？

　　花温暖着我们的眸子，拉近着我们的距离，客观存在多像孤寂暗夜里的那一点烛光，幽幽地，播洒爱的呓语……

　　爱花的男人亦是爱生活的男人，如果你连花都不接受，不欣赏，那你还会欣赏什么呢？

■ 一路花香

>> 栖 云

寂寞的心理即使搁置到喧哗中，也满眼冷漠；燃烧的爱心，即使漂泊到荒岛上，也不会感到孤苦零丁。

原本漫漫寂寥无声的长路，冷漠地对峙着千山万壑；原本星月交辉都不曾打动，那些呆板的铺路碎石。向导说，太死气沉沉了，铺路工人便想出了盎然生机的一点办法，一边铺路，一边在道路两旁撒播花籽。于是，每一双流经的履痕都缀满了芬芳。

那是很长的一段盘山公路，颠簸、缠绕、升降，颇有点险象环生的味道。但是，平时最怕乘车的我，并没因此眩晕。我被道路两旁的花花草草迷住了。

如繁星似群蝶，远方仿佛一把金剪至天底伸出，剪碎了残阳如羽。

举手之劳，有时并不需要处心积虑，惮精极思；也不需要劳筋动骨，花费心血，一切一切的初衷源于对生活的热爱。有了热爱，一块顽石，能被赋予生命，一撮泥土，能活灵活现；一潭死水，能波澜乍起；一个古板刻薄的人能谈笑风生。

热爱，给万事万物注入了一缕灵动的魂。

于是，我明白了，为什么有些词汇历经风霜雪雨，依旧珠玑般流光溢彩，比如古道热肠，比如冬日可爱，比如千里送鹅毛，礼轻情意重……

于是，我明白了，铺路工人不仅仅撒播了花种，更重要的是他们满怀热爱，撒播了生命的种子：热烈、艳丽，以轻松的笑容迎接一切残酷的现实。所以，寂寞的心理即使搁置到喧哗中，也满眼冷漠；燃烧的爱心，即使漂泊到荒岛上，也不会感到孤苦零丁。所以，启程以前，我们要准备好撒播花种的口袋，以便在生命最糟糕最漫长的一段路上，也同样能够花香怡人。

■ 赏 析

爱美之心，人皆有之，爱花草之心，人更应有之。

花花草草，是大自然给予人类的恩赐。不论高山平地，还是江河湖岸，哪里有了花草，哪里就会生机盎然。即便是那乏味的荒漠，花草的出现，也会让人疑是江南。

热爱生活，热爱自然，更要热爱那缀满芬芳的花花草草。愿我们世代播撒花草的种籽，让花香世代溢满人间。

让花香一路永远。

■ 足尖上的美丽

>> 田思露

丑小鸭变成白天鹅，人们往往欣赏那展翅欲飞的美的瞬间，却很少有人关注变化的过程。长期以来，对于成功的人，我们往往艳羡他们平步青云的机遇，嫉妒他们与生俱来的天赋，而不问他们之所以脱颖而出，重要的在于付出了比普通人多百倍的努力。因此，不仅瞬间是美的，产生美的瞬间的过程也是美的。

曾随父母在北京看过芭蕾舞剧《天鹅湖》的演出。可惜那时的我实在太小了，不懂得欣赏柴可夫斯基美妙的音乐和舞蹈家精湛的技艺，所以也没留下什么印象。但我至今还记得的是，幼小的我很难想象：在足尖这么小的面积上，竟能跳出如此美丽的舞姿，实在令人惊叹！惊叹之余，我也试着踮起自己的脚尖，但只能坚持几秒钟，且毫无美感可言。

渐渐长大后，观看的舞蹈多了，但无论是柔美矜持的《霓裳羽衣舞》，还是伊莎多拉·邓肯热情的现代舞，在我心中难以超过芭蕾的魅力。表演者优雅、轻柔、高贵的舞姿，仿佛欧洲神话中的精灵 Sylph，使人如痴如醉。正是因为这份美丽诞生于足尖，才格外奇妙，独具韵味。

直到有一天，和一位朋友谈起芭蕾，她告诉我她妹妹学芭蕾的经过：成天的训练，使她们的脚尖磨得流血不止，用烧红的火钳去烫，据说这样能使脚尖生出茧子，有利于跳舞。她们那看似容易的旋转、跳跃，不知要练多少次，有的动作甚至没有几人能完成。为了保持轻盈苗条的身材，她们还不得不节食……太可怕了，本以为芭蕾是完美的、没有瑕疵的，哪里知道它背后竟是如此的残酷！一想到那双漂亮的丝面舞鞋里的脚所付出的代价，就使我不寒而栗。我宁愿朋友说的不是真的，好让我得到心理上的安慰。

几天前读到一位俄罗斯芭蕾舞大师的一句话："芭蕾是最美丽的

艺术，也是最残酷的艺术。"这使我想到安徒生笔下海的女儿，在小人鱼变成泡沫与阳光一起消失时，谁能否认这个故事的美丽动人？可谁又能否认它是建立于主人公的悲剧之上呢？贝多芬最著名的交响乐《命运》被视为人类艺术的瑰宝，但它的产生正缘于作曲家遭受了耳聋的巨大痛苦；凡高的不朽名画《星月夜》也是他健康恶化、感情阴郁的流露……太多了，我不禁要问，难道人类创造美、获得美的同时，总要付出残酷的代价吗？中国人说天上不会掉馅饼，西方人说天下没有免费的午餐。也许我们想要获取哪怕是芥菜子那么小的物品，也要付出相应的代价，何况是美——这崇高的东西！我们成功，是由于曾经付出；我们失败，却得到了经验。就像化学中的质量守恒定律，有得必有失。不同的是每个人心中有各自得与失的尺度。如果儿时的我踮起脚尖也能做出芭蕾舞演员的动作，它就不是一门精湛的艺术了；同样，如果美是轻而易举能得到的，那它就不是千百年来人们孜孜以求的目标了。

丑小鸭变成白天鹅，人们往往欣赏那展翅欲飞的美的瞬间，却很少有人关注变化的过程。长期以来，对于成功的人，我们往往艳羡他们平步青云的机遇，嫉妒他们与生俱来的天赋，而不问他们之所以脱颖而出，重要的在于付出了比普通人多百倍的努力。因此，不仅瞬间是美的，产生美的瞬间的过程也是美的。

我因足尖上的美丽、背后的残酷而更爱它，因为它使美更有价值，更有光彩，更弥足珍贵！

■ 赏 析

美的瞬间令人惊叹，而创造瞬间美的过程更撼动人心！善思的作者从芭蕾艺术的美丽与残酷中找到了切入点，随着思考的深入最终悟出一个古老而永恒的人生哲理：任何成功的背后都有着艰辛的付出。全篇文思流畅，感悟层层深入，直至结尾两段得到理性的升华，给人以强烈的感染力。

年轻，真好

>> 刘　爽

年轻多情而单纯。年轻的眼睛星般晶亮，年轻的笑声溪水般脆响，年轻的心灵冰般纯洁，年轻的思绪却又晴雨难辨，流泪并不等于苦恼，有时可能是快乐，有时可能莫名其妙。

诗人都说年轻是开花的季节。花季里的故事自然是美不胜收的七彩风景。

青春没有规则，年轻亦无规则。可以嚼着口香糖骑着单车横冲直撞，可以黄昏看残阳感慨人生如梦，可以扯着嗓子吼流行金曲，也可以在日记本上涂填"少年不识愁滋味"的伤感词句。没有人会责怪你，顶多骂你一句疯丫头，傻小子。

年轻毕竟正向成熟靠拢，男孩都喜欢自称男子汉，做事很仗义，从不小心眼儿；女孩偶尔也会温柔婉约过回淑女瘾，不过还是感觉"疯丫头"更让人无拘无束。

歌里唱道：年轻是一部精彩难辨的电影。是的，这是一个不知天高地厚的年龄，轻狂自信却又经常做错事，渴望自己的脚步会潇洒一点，渴望自己的见解被人重视，渴望师长的真正理解，也渴望深沉与独立……

年轻多情而单纯。年轻的眼睛星般晶亮，年轻的笑声溪水般脆响，年轻的心灵冰般纯洁，年轻的思绪却又晴雨难辨，流泪并不等于苦恼，有时可能是快乐，有时可能莫名其妙。

不知道年轻可不可以与长大划等号，反正大家都开始注意自己的形象了。希望会留给别人好的印象，当然谈吐要高雅，举止要洒脱，要拥有自信，拥有真诚，拥有许多好的品格。

年轻的身影无论何时都美得无与伦比，快乐时像支歌，忧伤时像首诗，思考时犹如一幅哲理画。

年轻思进取爱求知，愿成为高素质的新人。年轻爱读书、爱思考、爱欢笑、爱生活，愿将生命的每一份真诚洒向美的世界。

年轻是早上八九点的太阳，

年轻是朦胧诗的最好诠释，

年轻是将太阳和快乐戴在头顶，

年轻是一切的希望……

世上一切美好的语言都会向宇宙宣讲：年轻，真好！

■ 赏 析

作者以哲理的思考，诗化的语言，热情地赞美了年轻人的热情奔放，天真无邪、善于思考、勇于实践的优秀品质。通篇萌发出一种蓬勃朝气，以及对生命，对生活的执着追求和向往。用饱含激情的语句勾勒出年轻人生活的美好蓝图。

掩卷感喟：是啊，年轻，真好！

■ 善良的单纯

>> 冯雪峰

一个诚实的人，其实是最需要勇气。他必须敢于面对事实和真理，在别人含含糊糊、唯唯诺诺的时候，勇敢地指出真相。

"善良的单纯"这是从"神圣的单纯"一句话套来的。

记得在一本书上看到，在十四世纪，欧洲有一位宗教改革家（我记不起叫什么名字和哪一国人了），被判罪为异端，正要被处火刑的时候，有一个信神的老太婆热诚地也取一根柴加到那积聚着的柴堆上去。看见这情形，那临死的宗教改革家便不禁呼道："哦，神圣的单纯！"

我套用这一句话，是因为我忽然想起我的祖父及从前他对我讲故事时的情形了："从前有兄弟两个，在冷天到山上去砍柴，那个弟弟忽然想起在故事里听到过的住在金銮殿里的皇帝了，便对哥哥说：哥哥，做皇帝真福气，他砍柴都用金的柴刀砍呵。那哥哥听了，又好气又好笑，他骂弟弟道：你这呆鸟！做皇帝还要来砍柴么？在这样的冷天里，他还有不懒在家里煨芋头吃的！"于是我的祖父就好像一切都可亲可爱地哈哈地笑着，还对我解释道："那弟弟固然想不到做了皇帝哪里还要砍柴；那哥哥自以为是聪明了，但也想不到皇帝哪里还会吃芋头呢——真是乌鸦笑黑猪呢。"

然而，我的善良的祖父，却也不知道他自己又是乌鸦笑什么吧。当我向他追问："那么，皇帝吃什么呢？"他不自信地说："皇帝整年吃白米饭，每餐有大块的猪肉，像我们过新年那样么。"你看，多么的单纯！当我后来走过远地，回到故乡时和他谈到贵人们吃一餐饭所花费的巨数，贵妇们所穿的一双袜子的价钱够他两年的吃用，而且穿过一次就不要了的时候，他还说是我哄他，无论怎样也不相信的。

可是我却不能笑我的祖父及和我祖父同样的人们。他单纯，不但单纯得善良，也单纯得勇敢，——即举一年前一个例子罢，当他一根一根积聚起来，已经积聚了60年，准备造房子的三四百根大木材，完全被日本人焚烧了的时候，据说他像昏迷了似的睡了三天之后，就又恢复了精神，说道："重新来过！"却完全忘记他自己说这话的时候已经是78岁了。

■ 赏 析

我们该如何解释这"善良的单纯"呢？

是神圣？是迂腐？是勇敢？还是……不管怎么说，他是"善良"的，是人性最可爱的一面，尽管他"可爱的"令人"哈哈大笑"，但笑过之后，我们还是能够看到他纯净的心灵。

想想我们的周围，到处是竞争、搏杀、狡诘、圆滑，有一点儿"善良的单纯"该多好！哪怕只一点点，也能消融一场冬日的残雪，以及积攒在每个人心头的阴影……

你是怎样理解的呢？

■ 遇 见

>> 眺　眺

那片蓝过千古而仍然年轻的蓝天，一尘不染令人惊呼的蓝天。她正在惊讶地赞叹中体会了那份宽阔、那份坦荡、那份深邃——她面对面地遇见了蓝天，她长大了。

一个久晦后的清晨，四岁的小女儿忽然尖叫起来："妈妈！快点来呀！"我从床上跳起，直奔她的卧室："什么事？"

她用一双肥胖的有着小肉窝的小手指着窗外，然后悄悄地透露一个字："天！"

我顺着她的手望过去，果真看到那片蓝过千古而仍然年轻的蓝天，一尘不染令人惊呼的蓝天，一个小女孩在生字本上早已认识却在此刻仍然不觉吓了一跳的蓝天，我也一时愣住了。

我们一起看那神迹似的晴空，她流露出虔诚的沉默，她的眸光自小窗口出发，响亮的天蓝从那一端出发，在那个清晨，它们彼此相遇了。我握着她的小手，感觉到她不再只是从笔画结构上去认识"天"，她正在惊讶地赞叹中体会了那份宽阔、那份坦荡、那份深邃——她面对面地遇见了蓝天，她长大了。

■ 赏 析

一天一个蓝天。

或许你不曾留意它的碧蓝；或许你不曾留意它的坦然；或许你已经读过千遍，有一种熟识无睹的漠然；或许你根本就不顾忌它的存在，根本就没有感觉之中的那点儿灵感……

听听这个小女孩的"惊讶赞叹"，她第一次那么欣喜地读懂了蓝天，第一次于生活之中真正洞悉了生命的美丽和烂漫，第一次……

一天一个蓝天……

静静的薄暮

>> 何　叶

生时就应该以生的立场去享受生的烦恼，生的美妙，人生最可贵的是生的过程，是忙碌与安闲掺和的旅行。

我静静地候着，晚点的车。站处飘着细细的雨，轻泛微微的冷意，只是那份缠绵，留存在心之深处的一方角落，很久了。

时间一分钟一分钟过了，车还没来，却没了刚错过钟点的那份烦躁与不安。不知怎么回事，每次出来，归去时，总搭不上准时的车，仿佛是命定的，于是，平静了许多，就如同悟道一样。

虽然，我是多么急切地盼着回去。

我竟然没有长大，无论是远涉千里之外，还是就近走一走，只要出来，就惦惦切切，思思念念放不下回家的念头。葡萄是否生出了藤蔓？白色的蔷薇是否凋零了？可爱的小猫咪是否又胖了一点？尽管一切依旧，甚至连我放在桌上的稿纸还是那个样儿，卷着一个角，而我还是匆匆地来去。

我也不知道，怎么会有那么多的牵挂，平日的那些潇洒哪去了？是否化成秋叶，一片片，一片片托付给风了？雨了？

想想自己有时遇到烦恼的事，不舒心时，就希望一个人跑得远远的。找一间屋子，一个人住着，拥有一个怡然真实的自我。就像满山随意而生的小草一样，无论多么的卑微，也有自己的一片天空，一席土地。但我真的能做到这样吗？

车依然没来，但我知道，它在远远的那个地方，正勉力地接近我。它也一定知道，在前面的那个车站，我正等待着它，在经历之后，在浮躁之后，默默地立在站牌下。

尽管雨路泥泞。

站久了，小腿很酸，变换一下姿势，突然感到一种无法解释的从容，一种言语传不出的闲适。我们现在每天都在忙：晨昏，日夜，忙得很疲倦，很乏力，很讨厌，似乎有许多事来不及做，非赶着点不可。

不由想起一个故事。一天，一个能人对一个庸人说："我很累，什么事都必须自己去做，真不知我死后他们会乱成什么样子？唉！"庸人对这个能人很同情，却分担不了什么。许多年后，能人死了庸人去赴丧，却发现，一切都没变，只是能人永远躺着了。

真的，我们中间许多人都太高估了自己，其实，生时就应该以生的立场去享受生的烦恼，生的美妙，人生最可贵的是生的过程，是忙碌与安闲掺和的旅行。现在，我竟然有了这一空隙，可以什么都不必做，什么都不必忙，这又是何等的神怡惬意呢？

望着焦躁的同行者，我多希望能将我所要说的告诉他们，不要错过这静默的薄暮，珍惜这难有的平和安宁的美丽。然而，一向孤独的我，只能轻轻地摇一下头，再摇一下头。

■ 赏 析

在人生的旅程疲命奔波的"我"，多想踏上回家的行程，多想寻找"一种言语传不出的闲适"。

静静薄暮之中，伫立于人生的这小站之上，"我"感觉到了一种浮躁之后的释然与解脱。"这又是何等的神怡惬意呢？"

那些"焦躁的同行者"，何不歇歇脚儿呢？何不于忙碌之中，"珍惜这难有的平和和安宁的美丽"？

要知道，"人生最可贵的是生的过程"，既要学会"享受生的烦恼"，又要学会"享受生的美妙"。

■ 水滴·大海

>> 晓　阳

　　一滴水只有放到大海里才不会干涸。一个人只有在集体之中才会有所作为。

　　从报上看到一个故事：相传，佛祖释迦牟尼曾考问他的弟子："一滴水怎样才能不干涸？"弟子们回答不上来。释迦牟尼说："把它放到大海去。"

　　这个故事，颇具哲理，令人深思。是啊，用水滴和大海来比喻个人和集体，不是很恰当吗？

　　一滴水离开大海，很快就会干涸。一个人脱离了集体，将会一事无成。"众人拾柴火焰高。"集体的智慧和力量是大的，个人的智慧和力量总是有限的。比如打篮球，尽管你的技术很高，但如果在场上不同别的队员配合，只打个人英雄球，那么，不管谁当教练，也会把你换下来。因为，只顾表现个人的队员不是好队员，配合不一致的球队是不能夺魁的。许多失足青年之所以失足，原因是很多的，但有一个共同的原因，就是脱离了集体。

　　一滴水只有放到大海里才不会干涸。一个人只有在集体之中才会有所作为。因为任何成绩的取得，都是集体智慧的结晶。牛顿说得好："如果说我看得远，那是因为我站在巨人们的肩上。"这里所说的巨人们，就是指众人，指集体，指人民。的确，除了他的自身实践之外，如果没有前人创造的高等数学和力学知识，牛顿也是创立不了地心引力论的。原国家女排队长孙晋芳这样说过，如果一传不到位，铁榔头不重扣，哪有我这个世界最佳二传手呢？！

　　当然，我们并不否认一滴水、一个人的作用。浩瀚的大海是由千千万万滴水汇集而成的，集体的智慧和力量是由一个个人聚集而成的。闻一多说过："个人之于社会等于身体的细胞，要一个人身体健全。"这就是说，只有每一个人都充分发挥自己的才智，集体才会有无穷的智慧和力量，相反，如果每个人都只顾自己，不顾别人，这个集体就会四分五裂，就更谈不上什么智慧和力量了。

奥斯特洛夫斯基说："谁若与集体脱离，谁的命运就要悲哀。"这是千真万确的。脱离了集体，任何人也就会像离开大海的一滴水，无可挽回地干涸下去。

■ 赏 析

海纳百川，川纳滴水。水滴与大海，就如同个人与集体。个人离不开集体，离开了集体就没有了生命力；而集体也离不开个人力量的聚集。抛开集体，一味地突出个人，最终的结局是：个人必然"干涸"；相反，只注重集体而忽视个人，集体也终将四分五裂。

智慧和力量是集体和个人有机结合的产物，发挥自我，奉献自我，才能显示出生命强大的活力，才能迸溅出烈烈的生命的火焰！

太阳花

>> 苗艳丽

太阳花在开花的时候，朵朵都是那样精神充沛、不遗余力。尽管单独的太阳花，生命那么短促，但从整体上，它们总是那样灿烂多姿，生机勃勃。

当案头的文稿看得双目昏花时，走到院里来，看一看这绿茵可爱的太阳花，对于困倦的眼睛，是一种极好的休息。

一天清晨，太阳花开了。在一层滚圆的绿叶上边，闪出三朵小花。一朵红，一朵黄，一朵淡紫色。乍开的花儿，像彩霞那么艳丽，像宝石那么夺目。在我们宁静的小院里，激起一阵惊喜，一片赞叹。

三朵花是信号，号音一起，跟在后边的便一发而不可挡。大朵、小朵、单瓣、复瓣、红、黄、蓝、紫、粉一齐开放。一块绿色的法兰绒，转眼间，变成缤纷五彩的锦缎。连那些最不爱花的人，也经不住这美的吸引，一得空暇，就围在花圃跟前，欣赏起来。

从初夏到深秋，花儿经久不衰，一幅锦缎，始终保持着鲜艳夺目的色彩。起初我们认为，这经久不衰的原因，是因为太阳花喜爱阳光，特别能够经受住烈日的考验。不错，是这样的：在夏日曝烈的阳光下，牵牛花偃旗息鼓，美人蕉慵倦无力，富贵的牡丹，也早已失去神采。只有太阳花对炎火赤日毫无保留，阳光愈炽热，它开得愈加热情，愈加兴盛。

但看得多了，才注意到，作为单独的一朵太阳花，其生命却极为短暂。朝开夕谢，只有一日。因为开花的时光这么短，这机会就显得格外宝贵。每天，都有一批成熟了的花蕾在等待开放。日出前，它包裹得严严紧紧，看不出一点要开的意思，可是一见阳光，就即刻开放。花瓣像从熟睡中苏醒过来了似的、徐徐地向外伸张，开大了，开圆了……这样一个开花的全过程，可以在人的注视之下，迅速完成。此后，它便贪婪地享受阳光，尽情地开去。待到夕阳沉落时，花瓣儿重新收缩起来，这朵花便不再开放。第二天，迎接朝阳的将完全是另一批新的、成熟的花蕾。

这新陈交替多么活跃，多么生动！也许正是因为这一点，太阳花在开花的时候，朵朵都是那样精神充沛、不遗余力。尽管单独的太阳花，生命那么短促，但从整体上看，它们总是那样灿烂多姿，生机勃勃。

人们还注意到，开完的太阳花并不消沉，并不意懒。在完成开花的任务之后，它们将腾出空隙，把承受阳光的最佳方位，让给新的花蕾，自己则闪在一旁，聚集精华，孕育后代，把生命延续给未来，待到秋霜肃杀时，它已经把银粒一般的种子，悄悄地撒进泥土。第二年，冒出的将是不计其数的新芽。

太阳花的欣赏者们，似在这里发现一个世界，一个科学的、合理的、公平的世界。他们像哲学家那样，发出呼喊和感叹：太阳花的事业，原来是这样兴旺发达、繁荣昌盛的啊！

太阳花给予的启迪，无疑是有益的。

■ 赏 析

"朝花夕谢"，多么宝贵而短暂的开放！炎炎烈日之下，它们竞相吐露着生命的活力，"阳光愈是炽热，它开得愈加热情，愈加兴盛"。

看呵，它们你搡我搡，纷纷攘攘，以"活跃"、"生动"的姿态迎接每一轮朝阳，然后，灿烂地死去。这短短的生命履历中，透射出多么强大的生机，透射出多么平凡而高贵的灵魂！

太阳花到底给我们什么启迪呢？

■ 没有你的日子风清云淡

>> 陈雅莉

父母与慈爱的长辈正垂垂老去，我终于感悟那絮絮的话语里深含的牵系与爱的示意。与挚友的别期不再遥远，即使难舍，也懂得四季是如此从容，相聚与别离都不必催赶，聚也欢喜，别也自然。不再追赶风雨，因为风雨的来临自有它的时刻；不再闲步在烈日中，因为树荫拥抱着更多的阳光。

那时候，老是慎重而庄严地把右掌看了又看。手展开缩起，看那三条线怎样宽宽地、深深地夺流到腕。无法想像这些简单的线条会包蕴暗示我丰富的一生。

那时候，会在欢笑里合上伞，恣意在雨中奔跑，让脚丫溅破雨巷滴嗒的宁静，让全身全心拥抱这份豪华的寂寞。

那时候，活着只为自己，因为心中早已了悟，这一切其实都不重要。30 年、50 年后，100 分的考卷和 60 分的考卷不会分什么彼此，只有不羁蓬勃的生命才是自己的。

奇怪，少年的时候，竟想把一切快乐永恒下去，不知怎的那么认真，那么深地陷于思索，那么愤怒于他人的苍白，就没有想到过人原来可以有权不知不识不觉不悟地活下来，而我也有权高高兴兴地做个异族。

那时看男孩就该像足球场上冲闯的前锋，你蓝色的队服，你的沉默寡言，你争球时的敏捷和不惧，统统都是勇敢的象征。

你拉住我。"不!"我说，惶恐地要逃去。你转身而去那背影给了我深刻的印象。

以后，仍是尽兴地活，从不舍得浪费一丝一毫，对生命的爱与珍惜却随着年龄的增长而更深厚。随风飞扬的飘散而自由的发，常常快乐的是那颗不羁的寂寞的心。万籁俱寂里，久久回荡着我的高音。

父母与慈爱的长辈正垂垂老去，我终于感悟那絮絮的话语里深含的牵系与爱的示意。与挚友的别期不再遥远，即使难舍，也懂得四季是如此从容，相聚与别离都不必催赶，聚也欢喜，别也自然。不再追赶风雨，因为风雨的来临自有它的时刻；不再闲步在烈日中，因为树荫拥抱着更多的阳光。心中渐渐平实起来，自己才是自己的神。

你再次站到我面前，再次带着那份光彩，直到我温柔而平静地从心底说"不"。光彩不见了，那是一张黯然得不忍对视的脸。"我从 17 岁等到 20 岁，等你长大，可是原来你已经长大了。"满眼稀里糊涂的泪水里，尽是那个义无反顾的背影。

不管有没有真正长大，我都是了解自己的，知道什么是我的真爱，什么不是。

时移世易，虽然一切的变化翻天覆地，诗啊，梦啊，不知何时不再用表情画出，而生命真正的底蕴却已深植在我心中。我知道，我的脚已走到了路上。

晚餐后，独倚栏旁，银河一片星光，照着繁华的世界里快乐与不快乐的人。远远听得楼栏下的笑语人声，蓦然感到万丈红尘渐渐远去，繁星闪烁着，心儿也随夜风吟啸，惆怅不知何时填满思绪。长大了，长大了，落下的叶儿告诉我，绽放的花儿告诉我，我长大了。长大了，真正感觉到自己，坚强而温柔的我，自由而快乐的我，不怕寂寞而孤独的我。可有时，累了、乏了时真愿意还做个小孩子，像个富翁一样接受别人汲汲的关怀。

那天风起，银杏的叶像花瓣一样飞去，终不改那金灿灿的颜色，仿佛满天翩飞的蝶儿。而我金黄色的 16 岁正从手指间滑过，升腾飞去，飞到我不知道也找不到的远方。

如果银杏叶不萎落，明年就不会发出新的芽，也长不出更美丽更崭新的叶子。那黄灿灿的叶子并非死，而是另一种生命，一种成长，交换来下一个盈盈的花季。而我的 16 岁何尝不是如此呢？

■赏 析

时光流逝，岁月如梭。花季"像银杏叶一样飞去"。回过头，依稀中，"我"看见了昔日的快乐和浪漫，看见"我""不羁蓬勃的生命"。

当时光的碎片飘落一地，"我长大了"，感觉到自己的"坚强和温柔"，那些"盈盈"的花季已经悄然离去，尽管"我"充满着无尽的怀念，但"我"更坚信"生命真正的底蕴"，坚信蓬勃的生命之美永远不会流逝……

穿布鞋的故居

>> 李 民

友谊，不是一杯茶，越冲越淡，而是一杯酒，越品越醇。

扬州的旧巷大多是这样，七拐八绕，枝枝蔓蔓，曲径通幽，八卦阵似的。安乐巷也不例外，两旁青砖高墙，中间青石铺路。这是安乐巷 27 号门牌，座西朝东，极普通的那种民居，如果不是挂着江泽民总书记题写的"朱自清故居"五字，你若是骑车穿巷，脚下稍一用力，便会倏忽而过。

故居就和他的主人一样，很不引人注目。站在故居门前，我不由得想起了郭良夫先生编选的《完美的人格》里的一个细节，朱先生在清华大学任文学院中文系主任时，总是喜欢穿平底布鞋，每逢开会，从不坐主席台，只拣一个不起眼的角落，静听同事们阔论。朱先生在会场上偏于一隅，同他在这巷子里偏于一隅的故居是多么的一脉相承啊。于是，我头脑中闪出本文的题目——《穿布鞋的故居》。

如今，到处在修葺或重建名人故居，画廊漆柱，巨匾敞庭，又气派又热闹。尤其在时髦文艺搭台经济唱戏的今天，名人故居拥有一份独特的召唤力。而朱先生的故居没有这份辉煌，为了供后学瞻仰，有关部门只是将原先居住在这里的市民迁了出去，腾空房间便成了。

故居很小，小的只有几间木结构的房子，小的你站在门庭下清咳一声，每个角落里都能听到。这又和朱先生的为人如出一辙：绝不故作高深，只求平易近人。于是我这样概括这座小院落：巷子很深，故居却很浅。游人很少，有时整天卖不出一张门票。扬州有座瘦西湖，到过瘦西湖的外地人，回去之后会向别人炫耀一番，我到过瘦西湖，而朱自清故居不会有这样的反应。首先没有殷殷期盼拜访的人，绝不会有一种陈年老窖般的期待，因为他根本就没有想过要去；而到过的人更不会将此作为话题，因为我相信，能够在今日仍念念不忘这片陋房的人正是感染了朱先生的平淡与平和的。为此我反复为故居的车马无声而庆幸，这也许正是先生的本意。

■ 赏 析

从这间不起眼的故居上面，透射出先生"平淡与平和"的人格，这是中国学者的传统风范。不矫柔做作，不虚张声势，不贪求功名利禄，只愿一箪食，一瓢饮，独享孤独和简陋，独享那份幽静和清淡。

正是先生所固有的人格的魅力，才铸就了先生高深的学识，而高深之中又始终透着"平易近人"的谦和，此一境界，怕常人很难达到。

若有空闲，烦你也去看看那个不起眼的"穿布鞋的故居"，兴许，它会帮你洗掉心底那些积淀已久的灰尘……

人生最好的教育

>> 胡 平

一个人受过苦，便知道珍惜；一个在贫寒中长大的人，不会不知道勤俭的重要；一个自小就知道努力做事的人，不会不对自己和他人负责……贫穷并不可怕，可怕的是人在贫穷中什么也学不到，并进而失去人的自尊。

A

一个青年来到城市打工，不久因为工作勤奋，老板将一个小公司交给他打点。他将这个小公司管理得井井有条，业绩直线上升。有一个外商听说之后，想同他洽谈一个合作项目。当谈判结束后，他邀这位也是黑眼睛黄皮肤的外商共进晚餐。晚餐很简单，几个盘子都吃得干干净净，只剩下两只小笼包子。他对服务小姐说，请把这两个包子装进食品袋里，我带走。外商当即站起来表示明天就同他签合同。第二天，老板设宴款待外商。席间，外商轻声问他，你受过什么教育？他说："我家很穷，父母不识字，他们对我的教育是从一粒米、一根线开始的。父亲去世后，母亲辛辛苦苦地供我上学。她说：'俺不指望你高人一等，你能做好你自个儿的事就中……'"在一旁的老板眼里渗出亮亮的液体，端起酒杯激动地说："我提议敬她老人家一杯——你受过人生最好的教育！"

一个人受过苦，便知道珍惜；一个在贫寒中长大的人，不会不知道勤俭的重要；一个自小就知道努力做事的人，不会不对自己和他人负责……贫穷并不可怕，可怕的是人在贫穷中什么也学不到，进而失去人的自尊。

B

　　一个相貌平平的女孩儿，在一所极普通的中专学校读书，成绩也很一般。她得知妈妈患了不治之症后，想减轻一点家里的负担，希望利用暑假这两个月的时间挣一点钱，她到一家公司去应聘，韩国经理看了她的履历，没有表情地拒绝了。女孩儿收回自己的材料，用手掌撑了一下椅子站起来，觉得手被扎了一下，看了看手掌，上面沁出了一颗红红的小血球，原来椅子上有一只钉子露出了头。她见桌子上有一条镇纸石，于是拿来用它将钉子敲平，然后转身离去。可是几分钟后，韩国经理去派人将她追了回来，她被聘用了。

　　一个在爱中长大的人，他最好的回报仍是爱。当爱促使一个人去做他很难做到的事情时，这足以证明爱的力量！

　　能在一件很细小的、与自己无关的事情上也能体现出对别人体贴和关心的人，他所受到的爱的教育无疑是成功的。

C

　　有一个岗位需要招人，先后来了四位应聘者。在招聘条件一栏中，有一项条件是必须具备两年以上的工作经验：前三位应聘者都称自己有类似的工作经验，但面对应聘者的考问，很快显示出自己对这一行的无知。最后来了一位男学生，他坦率地对招聘者说，自己不具备这方面的工作经验，但对这项工作很感兴趣，并且有信心经过短暂的实践后，能够胜任它，招聘者毫不犹豫地录用了他。此后他和那个招聘者曾经有过一段对话，那个招聘者说，有很多求职的人在介绍自己的情况时并不诚实，而他为什么能够诚实相告呢？他说小时候有一次他捡了钱，奶奶问他时，他撒了谎，奶奶朝他的屁股上重重地打了一下，然后告诫他说："穷不可怕，只要你诚实，你就有救！"他说他永远记得奶奶说的这句话。试想一个不敢正视自己的不足、只能依靠欺骗来取得众人信任的人，他能行得远吗？

　　一个诚实的人，其实是最需要勇气的。他必须敢于面对事实和真理，在别人含含糊糊、唯唯诺诺的时候，勇敢地指出真相。

　　诚实比一切智谋都好，而且它是智谋的基本条件。

■ 赏 析

芸芸众生，孰清？孰浊？

于驳杂的世界之中生存，总会被五颜六色的生活方式冲击着，吞噬着，但无论怎样，你永远不能丢弃做人的自尊、爱心和诚实。

"人生最好的教育"来自于一颗始终纯净的心，它引导着你的人生航标，于浊流中前进，并最终抵达爱的港湾。

朋友，勇敢地亮出你人生的风采，亮出你一生的美丽！

■ 人生在世

>> 谢　冕

人生一世，如草生一秋，是匆匆而麻烦的短暂。所有的人，上自帝王显贵，下至黎民苍生，都是这个匆匆舞台的演员和看客。

好像是朱光潜先生说过：以出世的态度做人，以入世的态度做事。我很信服这话，以为朱先生是用极简单的语言，说出了人生复杂的道理。人生一世，如草生一秋，是匆匆而麻烦的短暂。所有的人，上自帝王显贵，下至黎民苍生，都是这个匆匆舞台的演员和看客。常言浮生若梦，过去把这话是当做消极的思想来批判的，其实，谁都明白，人生到底是一出悲剧。无论是天才还是愚钝，到头来都摆脱不了一个毫无二致的结局。有了这样的洞察，人们就会在不免有些苍茫的悲凉中，获得某种顿悟。参透一切苦厄，把身外之物看淡，豁达、潇洒，了无牵挂，无忧而有喜。我理解，这就是"出世"的思想，是指从总体上看，要把世事看淡。

但若只停留在这一层面上，那就确定有点"消极"的味道了。只讲"出世"而不讲"入世"，则对人生的体悟还说不上全面深刻。有了"入世"对于"出世"的加入和融会，就把人的高低、不同的境界区分了出来。

从具体上看，人活着要谋生，要做事，不论是为自己，还是为社会，都来不得半点虚妄。太阳每日升起，每日落下，一个人的一生能看到几次日出日落的景致？因此就要珍惜，决不虚度光阴。春花秋月，赏心乐事，酷暑严冬，黾勉苦辛。要每日都过得充实、有意义，有益于人，也有益于自己。积极，有效，把眼前做的每一件事，都看成盛大的庆典，既轰轰烈烈，又扎扎实实。不悲观，不厌世，一步一步坚定地向前走去。明知愈走愈接近那谁也无法逃避的终点，却始终是坚定地前行。这样的人生，是摆脱了大悲苦而拥有大欢喜的人生。

■赏 析

活在世上，难免要被许多条鞭子抽打，但我们终究还是要活着，坚强地活着！"以出世的态度做人，以入世的态度做事"，有了这种活法，既便鞭痕累累，那又奈何？

"摆脱大悲苦而拥有大欢喜"，这样的人生，才会充实。既要把"身外之物看淡"，又"不虚度光阴"。扎扎实实地生活，完完美美地做人……

■ 有裂缝的水罐

>> 靳 华

生活就象洋葱头：你只能一层一层地把它剥开，有时你还得流泪。

印度一个挑水工有两个水罐，一个水罐有一条裂缝，而另一个水罐完好无损。完好的水罐总能把水从远远的小溪运到主人的家，而那个破损的水罐到达目的地时里面只剩下半罐水了。因此，挑水人每次回到主人家时，只有一罐半水。

那个完好的水罐不仅为自己的成就，更为自己的完美感到骄傲。但那只可怜的有裂缝的水罐因自己天生的裂痕而感到十分惭愧。心里一直很难过。两年后的一天，它在小溪边对挑水人说："我为自己感到惭愧，我想向你道歉。"挑水人问："你为什么要感到惭愧？"水罐答道："在过去的两年中，在你到主人家的路上，水从我的裂缝中渗出，我只能运半罐水。你尽了自己的全力，却没有得到你应得的回报。"挑水人听后说："在我们通向主人家的路上，我希望你注意小路旁那些美丽的花儿。"

当他们上山时，那个破水罐看见太阳正照着小路旁边美丽的鲜花，这美好的景象使它感到一丝快乐。挑水人说："难道你没有注意到刚才那些美丽的花儿只长在你一边，并没有长在另一个水罐那边？那是因为我早知道你的裂缝，并且利用了它。我在你这一边撒下了花种，于是每天我们从小溪边回来的时候，你就浇灌了它们。两年中，我就摘下这些美丽的花去装饰我主人的桌子。如果没有你，主人不会有这么美丽的花朵美化他的家。"

■ 赏 析

只要你倾心倾力地付出了，那你还在乎什么？

一只"有裂缝的小罐"，它的不足是先天的，但它并没有因为先天的原因就放弃自我，它默默地工作着，并最终创造了奇迹！

而那个挑水的仆人，却并没有因为"尽了自己的全力"，"没有得到应得的回报"而抱恨不平，他默默地工作着，最终也创造了同样的奇迹！

看来，只要一心一意付出自己，还怕得不到花的芳菲？

■路 瑟

>> 梁 国

如果人们能学会把白天说的话，夜深人静时再咀嚼一遍，那么他们一定会选些温柔而甜蜜的话说。

那个年代的留美学生，暑假打工是惟一能延续求学的办法。

仗着身强体壮，那个暑假我找了份高薪的伐木工作。在科罗拉多洲，工头替我安排了一个伙伴——一个硕壮的老黑人，大概有60多岁了，大伙儿叫他路瑟。在他那唇间，我的名字成了"我的孩子"。

一开始我有些怕他，在无奈下接近了他，却发现在那黝黑的皮肤下，有着一颗温柔而包容的心。

一天早晨，我的额头被撞了个大包，中午时，大拇指又被工具砸伤了，然而在午后的烈日下，仍要挥汗砍伐树枝。他走近我身边，我摇头抱怨："真是倒霉又痛苦的一天。"他温柔地指了指太阳："别怕，孩子。再痛苦的一天，那玩意儿总有下山的那一刻。"道理似乎简单，但不是每个人遇事都能这么达观明白的，他的精神深深感动了我。还有一次，两个工人不知为什么争吵，眼看卷起袖子就要挥拳了，他走过去，在每人耳边喃喃地轻声说了句话，两人便分开了，不久便握了手。我问他施了什么"咒语"，他说："我只是告诉他俩：'你们正好都站在地狱的边缘，快退后一步。'"

午餐时，他总爱夹条长长的面包走过来，叫我掰一段。有一次我不好意思地向他道谢，他耸耸肩笑道："他们把面包做成长长的条，我想应该是为了方便与人分享吧。"从此我常在午餐中，掰一段他长长的面包，填饱了肚子，也温暖了心坎。

伐木工人没事时总爱满嘴粗话，然而他说话总是柔顺而甜美。

我问他为什么，他说："如果人们能学会把白天说的话，夜深人静时再咀嚼一遍，那么他们一定会选些温柔而甜蜜的话说。"

有一天他拿了一份文件，叫我替他读一读，他咧着嘴对我笑了笑："我不识字。"我仔细地替他读完文件，顺口问他，不识字怎么能懂那么些深奥的道理。老人仰望着天空说道："孩子，上帝知道不是每个人都能识字，除了《圣经》，他也把真理写在天地之间，你能呼吸，就能读它。"

现在，路瑟也许不在了。我记不得世上到底有多少伟人，然而我却永远忘不了路瑟。

■ 赏 析

在时下诗歌颓废的年代，路瑟简直就是一位伟大的诗人。

路瑟的语言来源于生活，是生活开启了他汩汩奔腾的思想的闸门，他诙谐而富于哲理的语言背面，是对生活的深深感悟和洞悉。

不信，你瞧，他"硕壮"的身体，"黝黑的皮肤"，"柔顺而甜美"的语言，这难道不是生活汇聚的生命深层的魅力吗？

随便问一句：时下的诗歌为什么颓废了呢？

■ 心灯长明

>> 罗 西

为什么有人"穷得只剩下钱"？是因为没了心肝；为什么有人"忙得没空生病"？是因为心身麻木；为什么有人总在乎别人的眼睛？是因为失去了自信；为什么有人总是泪流满面，孤立无依？只是因为忘了自己手里还有一块黄手绢……

表叔从非洲回来，给我讲了这么一个故事：他与当地科学考察队深入热带丛林时，总要请一些土著人带路。土著人十分机敏，稍有风吹草动，即可判断接受面的一切动静。更奇怪的是，这些几乎不穿衣服的土著人，每走一段路程，都要停下来，合掌闭目，说是"招回自己"，因为路走远了，就有可能"丢掉自己"，所以必须时时"入定"，一遍遍地重温自己的名字，让自己记住自己，从而不会迷失方向。

而我们这些所谓现代人，整天忙忙碌碌地在红尘中奔波，可曾静下来洞察过自己的内心？可曾在夕阳下的河边轻轻地念着自己的名字？

"文化大革命"时姐姐在一所中学里读书，学校传达室的电话由值班学生传呼。一天，姐姐当班，她一边看"革命宣传册"，一边等电话，电话一个接一个，应接不暇。又来了一个电话，"请找美清。"姐姐听后，条件反射地飞快冲到宿舍楼下，大叫："初中部的美清电话！"楼上传来一声"不在"，她又冲回电话房大声对电话机说道："美清不在！"电话那头失望地挂了电话。当姐姐合上书打哈欠时，突然一拍脑袋："美清不是我自己吗?!"这种"忘我精神"令自己哭笑不得。

如今，金钱成为人们新的兴奋点，人一兴奋，甚至亢奋，往往就会失去自我，忘乎所以。再加上左比右比，横比竖比，就比出不甘，比出浮躁，比出不安，也比出迷茫……

　　为什么有人"穷得只剩下钱"？是因为没了心肝；为什么有人"忙得没空生病"？是因为心身麻木；为什么有人总在乎别人的眼睛？是因为失去了自信；为什么有人总是泪流满面，孤立无依？只是因为忘了自己手里还有一块黄手绢……

　　如果自己都无法了解自己，怎能奢望别人理解自己？如果自己的心灵仍是荒漠一片，还有什么资格做他人的知心朋友？

　　从前有个老太太供养了一位修行人，为他盖一座茅屋，20年来，每天送饭给他吃。有一天，老太太想测验他修行的成果，便派了一位美女送饭，并且吩咐美女坐在修行人的腿上唱歌，看他有什么反应。那美女照做了，还抛了不少媚眼，动了很多手脚，但修行人却不为所动，只说了一句："枯木依寒岩，三冬无暖气。"喻自己就是"寒岩"。以为没自我，一心向神就是最高境界。

　　老太太一听，非常生气，就放火把茅屋烧了。老太太看来，真正的修行，并不是做行尸走肉，并不是失去做人的热情，更不能失去自己。

　　这个世界，有两件事我们不能不做：一是赶路，二是停下来，看看内心的灯是否还亮着！

■ 赏 析

　　纷繁的世界，奔波忙碌的身影，嘈杂喧嚣的市井，很容易使你丢失自己的思想，你被来自社会来自生活的顽石重重压迫着，你还是你吗？

　　找回自己，就是设法挽留住自己独立的思想和人格，就是要随手掂着一根棒子，不时地敲打一下自己。

　　找回自己，就是要摈弃金钱的缠绕、诱惑，在"浮躁"和"不安"中静下来，拨亮内心的那盏灯火，重新扶正自己虚弱的身体……

　　"一遍遍重温自己的名字，让自己记住自己"。

■ 瀑 布

>> 李 蕴

自信地激流永进，没有一点彷徨犹豫，在无数破灭的水沫中，塑造着
自我，走向辉煌完美的永恒……

总想起那条瀑布，无需记住它的名，只在心中存着与它邂逅的
那份默契，那份惊叹。

它在的那座山，有着和它一样的气质。山麓有一潭清清的活水，
清洁、新鲜，静中有一种隐隐的骚动。细看，原是一脉水流汩汩地
注入。顺着这源头往上寻觅，响声越来越清脆，越来越激昂了，似
乎满山都和着同一种节奏在振荡，它在哪儿？茫然中，只凭着一种
似曾相识的感觉寻找，山回路转，低头抬头的一瞬间，它竟在眼
前了。

突然，胸中盈盈的喜悦在动荡，纯美的——就在那极绿的山头，
飞泻着一条宽广的、银色的瀑布，周围一起鸣响着澎湃、动人的水
的歌……山被鼓动得喘不过气来，壁岩的新绿在涌动着，光洁而丰
腴，有如少女的唇，受着瀑狂放不羁的吻。瀑是炙烈的，它浩荡地
一泻而下，带着男儿强劲的号叫般的轰响，虽然被石岩迎着面劈成
无数股水柱，但又顺着地势往下猛冲，一片片水花儿被激得狂溅上
溢，似烟、若雾地朝人扑下来——一切像生活，只会愈演愈烈，而
不会枯竭……

瀑布是无双的——它坦荡、自然、无忌地狂泻中，有那么多色
彩在奇妙地变更，交替流溢，仿佛大千世界里纷繁绚丽的生活……

我的内心感动着，尽管这颗即将成熟的心在生活面前有时茫然
不知所措，可眼前的瀑布却启示了我——是的，它比我更懂得生活，
自信地激流永进，没有一点彷徨犹豫，在无数破灭的水沫中，塑造

着自我，走向辉煌完美的永恒……

我默默靠近这水的屏障，呼吸那醉人的气息，纵然它内含着疾风骤雨的打击，并不全是诗，但又有何妨呢！我满怀希望地奔向它——像冲进生活的狂澜中去，只要你意志坚强，心胸开阔，生活必将是壮美的——

静静地伫立着，猛然一醒，心已在有意无意之间轻松活泼了起来。

尽善尽美惟有瀑布。

■ 赏 析

瀑布是无双的，它一生坦荡、自然、自信、潇洒。倘若人生如此，也不虚此行。但人生并不全是诗，有坎坷，有磨难，有弯弯曲曲，更有疾风骤雨。但只要具有了瀑布的勇往直前的精神，我们就会希望满怀，就会创造出壮美、辉煌、多彩的人生。

朋友，你是"瀑布"吗？

■ 残酷的 "艺术"

>> 刘志广

回想起五彩的夜，那影片中扣人心弦的厮杀，我头上像泼了一瓢冷水，清醒了许多。稳坐在影院中，可尽情地欣赏血与火的惊险艺术，为无畏的勇士纵身跃崖而欢呼喝彩，为女主人公的忠贞和不幸而郁郁寡欢。

夜慢慢地脱去它的黑衣。透过叶缝的晨光，一束束的，似乎打着呵欠伸着懒腰，在洒满秋霜的地上落下斑驳的光影。伴着袅袅的炊烟，颠过九曲的小巷，"凤凰"带着半朦胧的我飞入拥挤的人流间。

又和昨天一样，一切既熟悉而又陌生。刚从梦中挣扎出来的大脑，依然保留着昨夜通宵电影支离破碎的镜头残片：拳王的大拇指，阿兰·德龙的抬头纹……混沌着，叠印着。

所谓的歌星那廉价的吼声挤进耳朵里，忽而一种清脆的敲击声从干冷的空气中传来。路边的烟囱边围着许多人，他们个个伸长脖子，后脑勺不时地摆动着。

好奇早把我的车轮弄得不转了。索性从人们的腋下挤进去，映入眼帘的一切使恐怖在心里悄然生出，而且愈发滋长。

高耸的烟囱显然已被废弃，一位老人正稳稳地抡着锤子，一次次缓慢地举起，又一次次干脆地落下。烟囱基部的砖随着钎子的深入而碎裂、脱落，伴着尘土，伴着无形的危险，脱落着……像生命天平上的砝码，加重着死亡托盘的重量。渐渐地，烟墙上出现了一个洞，像一张黑漆漆的大口，似欲吞噬一个苍老的生命。

他终没回过头，给我们这些"看客"的依然是绽出棉絮的背影，在危危欲坠的烟囱下，显得如此渺小，但在脱落的砖头上又是那样高大。灰土铸的手指露在破手套的外面，一股股洁白的气息从他肋边划过，飘去，直到消散……胡须上结出白色的冰晶。他身边是一块洁白的"白羊肚"的毛巾，裹着饭盒。锈凿斧铲的把儿，已磨得发出枣红色的亮光，它们似乎在显示着老人经验的超群；但可怜的是，它们并不能证明老人的危险已荡然无存。

此时的我，多想冲过去抱住他，可是我的腿没有动的力量；我多想大喊一声"危险——"可是嘴没有张开的勇气。似乎每根神经都在颤抖，每滴血都已凝固。

渐渐地，击打声已不是那么清脆，却仍震动着空气中的每个分子，震撼着在场的每一个心灵。回想起五彩的夜，那影片中扣人心弦的厮杀，我头上像泼了一瓢冷水，清醒了许多。稳坐在影院中，可尽情地欣赏血与火的惊险艺术，为无畏的勇士纵身跃崖而欢呼喝彩，为女主人公的忠贞和不幸而郁郁寡欢。而现在，面对现实中这种残酷的"艺术"，除了胆颤心寒以外，还能有什么感受呢？

中学生们，读了几本书，就自以为懂得了生活，悟透了生活，动辄活着没意思，要干大事业，对一切小事情不屑一顾。可是，我们有几个人真正了解一点生活，认真做过几分思考呢？面对这个普通到极点的拆烟囱老人，我们那雄才大略、满腹经纶显得多么微不足道！其实，生活中又有几件惊天动地的大事？实实在在干一点默默无闻的事情，比起无用却还站在地上显示伟大的废烟囱好得多。

结局？我不知道，坦白地讲，我不想写出来，也并不想在这里染上一层更鲜艳的颜色。废弃的烟囱倒下了，在老人曾经站立过的地方倒下了……

老人呢？他走了，远走了……

留下的是"白羊肚"的毛巾，砖石混杂的废墟和一串串发人深省的思索。

■ 赏 析

这篇散文的立意相当深沉，主题相当深刻，因为它从一件事情上受到了胆颤心寒的震撼，进而去凝重地思索人生。

从内容上看，这篇散文写的是作者的某方面的所见所感：昨夜通宵电影中的拳击镜头，那是人生残酷竞争的一个侧面。而今天，看到一位老人在拆烟囱，无疑是在与死亡争斗，因而它是残酷的艺术。结局是：技艺超群的老人死了，人生，从某种意义上来说，远比残酷的艺术还要残酷，因此它迫使人们去思索该怎样对待生活，该怎样面对人生。

■ 蜡烛与太阳

>> 丁 磊

蜡烛的一生是无偿奉献的一生。消耗自己的生命，为别人添光彩，这恰是蜡烛的精神。古人诗云:"蜡炬成灰泪始干。"这是叹惜，更是赞颂。

清晨，旭日东升，黑暗逐渐消退得无影无踪，万物复苏了，它们尽情享用这无边的光华。种子萌发着。幼苗成长着，一派生机勃勃。

傍晚，当夕阳隐去、夜幕降临的时候，蜡烛无声无息地燃起，给人间带来光明和温暖，只偶尔爆出一两个蜡花，直至身躯燃尽，留下一室蜡香。

上面这两幅生活中普通的画面，却牵动了我的思绪，引起我无限的遐想。

太阳，光芒万丈，灿烂辉煌，自然界一切能量，从根本上说，皆来自太阳，它可谓伟大极了。

而蜡烛既没有庞大的身躯，更没有巨大的能量，似乎是平凡极了。

蜡烛的一生是无偿奉献的一生。只要一根火柴，它便默默地燃烧自己，毫无怨言地贡献自身的光和热，给人们照明、指路。这一切虽无惊天动地之处，但这正是它的伟大之所在，难道不是吗？消耗自己的生命，为别人添光彩，这恰是蜡烛的精神。古人诗云:"蜡炬成灰泪始干。"这是叹惜，更是赞颂。

太阳，我又看到了那耀眼的太阳，它又何尝不是如此呢？人常说太阳是永恒的，但实际上，太阳也像自然界的其他事物一样，有产生，也有消亡。它也是在燃烧自己，用自己的生命为自然和人类奉献。

多么伟大的奉献精神！

有了阳光，山川、河流才有光彩；有了阳光，花草树木才有生机；有了阳光，人们才有春耕的欢欣、秋收的喜悦。

烛光尽管微弱，却能带来一室温暖，带来一线光明，能鼓起人们的勇气，去战胜黑暗，去迎接新的光明。

生活的真谛也如此——在于奉献。

所有的奉献者是快乐的，他们可以自豪地说："我无愧于生命。"不是吗？他们的生命已经化为一首首生命的赞歌。

我又看到初升的红日了，黑暗还是阻挡不了它；也许更多的烛火又将燃起，去冲破那一切黑暗。哦，我多想去奉献……

■ 赏 析

太阳光芒万丈，灿烂辉煌，无私地献给自然界巨大的能量。蜡烛平凡至极，渺小无比，同样无悔地燃烧自己，把光和热毫不保留地奉献给人类。太阳和蜡烛的行为，向我们揭示了人生真谛——奉献是伟大的。

人活一生，不在于他自己攫取了多少，而在于他向社会，向别人奉献了多少。

守财奴一生富有，在金山银海中永不瞑目，而快乐的奉献者生活终结时却能自豪地说："我无愧于生命"。朋友，你愿做哪种人呢？

■ 风中的树

>> 张静娟

　　顷刻间，黑夜笼罩了一切。家中亮起了一盏灯，等着我去整理青苔深深的记忆。在无语的风中有一种雄辩，在树叶的颤动中，有一种回应。风中的树，不论怎样摇摆不定，它的根，总是紧握在地下，它的叶，一直相触在云里。

　　多谢晨风！

　　它把我送进一个神秘的世界，与最富有灵性的树有了第一次亲密接触，第一次心灵对应。

　　在一场摧心折骨的诋毁中迷失了自己，我疲惫地回到家里。枕着家乡润碧湿翠苍苍交叠的山影和万籁都歇的岑寂，忘却过往的猜忌，忘记痛心的经历，我仙人一样睡去。一夜先饱眠，次晨醒来，在旭日未升的原始幽静中，迎着隔夜的凉气，踏着温厚淳朴的土地，拥着闪亮不定的主意，探究风中树的秘密。

　　风吹来了，树醒了。风轻轻的穿梭，树慢慢地让路。一切都是驯服、温顺的。枝干柔柔地移动，丛叶嘈嘈切切，犹如满筐桑叶被啮于千百智蚕，细细琐琐屑屑；又犹如海洋起伏的呼吸，沉沉稳稳轻轻。声音，忽远忽近，忽近忽远，似真似幻，似幻似真。像个遥远的梦。

　　猛然间，感到往常世俗的喧嚣一时浇灭，天上人间只剩下被思考统一的宁静，被宁静统一的反省。风中的树，这样美的声音从你的晃动中发出，在极力诉说些什么吗？抑或在解读我所想的？赤条条地，我与风中的树对峙着，默默中向它追索人类苦涩的灵魂和行程，向它寻觅一种思想的回应。我想些什么，风中的树说些什么，我一直在破译。

多谢晚风!

夏风多变。温和的晨风倏然便成了使劲地发着威的晚风，似乎有带走一切的气势。我依然寻着搁浅的脑海里的疑问，走进风中树的世界。

风袭来了，树震动了。树干从一边摆向另一边。一直往复着90°角的摆动，枝臂发晕地上下左右乱伸着，树叶"哗啦啦哗啦啦"地巨响着。

风中的树呀，你该是一棵无助的灵魂，风中，在喊谁? 无风时，你的枝干奋力向上生长，你的地根竭力向下延伸，静静地矗立于人间; 有风时，你的枝干摇摆不定。为什么这样驯服地随风运动? 在屈从什么吗? 在迷失自己还是在坚持自己? ……

顷刻间，黑夜笼罩了一切。家中亮起了一盏灯，等着我去整理青苔深深的记忆。在无语的风中有一种雄辩，在树叶的颤动中，有一种回应。风中的树，不论怎样摇摆不定，它的根，总是紧握在地下，它的叶，一直相触在云里。

■ 赏 析

"风中的树"，梦境一般，抽象又具体。红尘下的幽秘组合，蕴含着人世的种种复杂的迹象。这悄悄触动了文者的心，于是，把自我的经历溶入风中的树，与树对话，与风共舞，与景共处。

生活是复杂的，生活是深奥的，生活是智哲的，生活需用一生的情感和智慧来解读。在这个过程中，也许有许多无法坚持自己的理由，也许有各种改变初衷的无奈，也许有各样删改原则的难处，那也请自己告诉自己: 做一棵风中的树——威风来时，树也只是驯服的、温顺的摇摆自己，却丝毫改变不了向上生长、向下延伸的志向。

弱肉强食

■ 雄性篇

>> 毛志成

生活中最大的幸福是坚信有人爱我们。

A

我比女性本身更喜欢女性，这或许由于我是男人的缘故。

我比女性本身更不喜欢女性化了的男性，这也许仍然由于我是男人的缘故。

我比一切女性都更喜欢雄性意味十足的男性，这是由于什么原因？

我说不清。

B

一件小小的往事，在我的记忆中时时闪烁，30 年不减色。

那一年冬季，好冷好冷。积雪久久不化，继续酿造着令人恐惧的低温。

有一天，我夜宿某个山村，房东将一对八九岁的双胞胎男孩打发到我屋里同住。两个小东西脱得赤条条的，同钻一个被窝，好一通打打闹闹之后才睡着。第二天一早，两个小东西刚睁开眼，又是一通"被窝战"。后来，一个跳下炕，向室外跑去，另一个跳下炕，穷追不舍。

室外是零下二三十度的严寒。

我穿衣下炕之后，走到户外，不禁惊愕了，两个小东西正在雪地上滚作一团、扭作一团，做"相扑"状。

其母出来抱柴，只是漫不经心地骂了一句"总是抽风！"，随即便取柴回院，未显示出任何惊愕。

其父出来担水，只是瞟了一眼，什么话也未说，看来他已司空见惯。

那时我20岁，尚未觅偶，不过心中已暗暗祈祷："生子当如此儿！"

我很崇敬这一母一父，认为他们简直是培训雄性的行家。

10余年后，我也有了一对双胞胎小儿。不知为什么，一见这两个小东西的脸总是白嫩，经久不黑，肉多脂肪，缺棱短角，就隐隐生憾，语多呵斥。

■ 赏 析

在作者眼中，男性应该是刚毅的，"雄性意味十足的"。他拒绝一切的包装、粉饰和呵护，他应该具备一种挑战自我、适应生存的能力，他不是花朵和娇贵的宠物，他应该是长满小刺的荆棘，是奔突于丛林之中的一匹健壮的雄师！

作者批判的矛头不仅指向了那些"女性化了的男性"，更多的，作者对时下社会教育、家庭教育所惯养出来的那些"幸运儿"表示了很深的忧虑。

■ 岁月的感觉

>> （美国）柯瑞·福德

尽管你早已习惯了匆忙的毋须日记的岁月；尽管你在孤独的寒夜寻觅到了新的慰藉……

对我而言，现在的楼梯仿佛比以前陡峭得多。每个台阶都变得更高，或者是因为楼梯变得更长，总之是有问题。也许是因为今天一楼到二楼间距离更长了，我发现一次跨两个台阶变得很费力。

另外，我发现现在使用的印刷字体特别小。看报时我不得不眯起眼睛，把报纸拿得远远的。有时，我又不得不凑近了去看电话机上的号码。建议我这样年龄的人去买眼镜是很可笑的。另一种我可以采用的方法是找人读给我听，可这也不如人意，因为今天的人总是低声说话，以致于我都听不清。

路途也显得比以前更遥远了。从我家到车站的距离仿佛加长了一倍，而且还多了一个我以前没有注意到的小坡。火车离站也特别快，我已放弃了赶火车，因为现在每当我试图赶一列火车时，它离站的速度总是比以前快得多。现在你不能再指望火车时刻表了，向乘务员询问也是徒劳的。在旅途中我三番五次地问乘务员，下一站是不是我所要到的那个站，而他总是回答不是。人们怎么想信这样一个乘务员呢？因而，通常我会收拾好东西，戴上帽子，穿上外套，站在走廊里，为的是确信我没有错过我自己的目的地；有时为了弄清那一站是否为我的目的地，我会提前下车。

今时不同往日。当我理完发，理发师再也不像过去那样在我后面拿镜子，使我看见我脑后的发型。最近去戏院看戏，也都是由我妻子来保管戏票了。现在做衣服的料子也和以前不同了，我的衣服在缩小，特别是腰围那儿和裤子的臀部。鞋带也很难够得着。

天气好像也变了，如今冬天变得更冷，夏天也更热，若不是因为路途太远，我会离开这里。铲雪时，铲中的雪比以前更重了。我出门都要带上雨衣，因为现在的雨比以前更容易把人淋湿；风也比以前猛，大概这就是人们设置窗户的原因吧！

早上当我刮胡子时，想到了老态龙钟的乔治，当我抬头看镜子时，我停住了，"现在人们制造镜子的材料好像和以前不同了。

■ 赏 析

台阶为什么变高了？印刷字体为什么变小了？路途为什么显得更遥远了？还有发型、衣料、天气……一切的变化，究竟是怎么了？

当谁也无法回避的"老"字突然降落到"我"自己身上的时候，怀疑、猜度、无奈与忧伤也随之一同袭来，岁月把"我"打磨成"一个老头儿"，把"我"推向了生命的终极。而昔日美好的一切也都成了甜蜜的追忆……

朋友，你听到岁月凝重而无情的声音了吗？

■ 平庸不应成为主流

>> 吴 亮

世界并非平庸者的舞台，世界的聚光灯总是打在优秀人物和胜利者的身上，只有平庸者才惺惺相惜，为自己的弱小寻找理由。

迁就平庸，已经是我们多年来的美德了。

一个演员的戏很蹩脚，我们会说"她很努力"；

一个画家作品很拙劣，我们会说"他孜孜不倦"；

一个诗人诗歌写得差，我们会说"他是个好人"；

一个运动员（或一个运动项目）比赛成绩很不像话，我们会说"他（他们）已经尽力了"。

有一句很典型的流行语，叫做"这年头谁都不容易"。言外之意是，因为不容易，所以没有什么可埋怨的，更没有什么可批评的。

但是，迁就了平庸意味着什么？

在一个为平庸辩护的社会中，我们注定了看不到好电影，看不到好的画，读不到好的诗，当然，也不会有机会为竞技场上的胜利者欢呼。我们只是生活在"理解万岁"的自欺欺人的谎言里，甚至，连那些鼓吹"谁都不容易"的文章，居然也成了人人习惯吞咽的粗鄙快餐，践踏我们的思维，降低我们的口味和标准。一句话，因为迁就，我们日益生活在一个低质量的文化环境之中。

但是，世界并非平庸者的舞台，世界的聚光灯总是打在优秀人物和胜利者的身上，只有平庸者才惺惺相惜，为自己的弱小寻找理由。

平庸者自己当然有平庸的权力，但平庸者的声音不应该成为主流——演员、作家、画家、运动员，这平庸的大军，如今把我们包围了，他们永远是嘉宾、新闻焦点、被采访者、传记主角和制造故事的人。

可是他们奉献给我们的到底是什么？

他们有何理由受到我们的爱戴？

如果他们没有好作品，如果他们只是失败，他们就不配被我们谈论！

让"理解"见鬼去！我们需要的是突破，是真正的天才加努力，是胜利，是对胜利的渴望！

这个世界如果没有强者出现，弱者就会冒充强者，那才是世界的悲哀。

一种迁就平庸的文化是注定要走向衰落的，我们已经处在这种危险的处境里。某一项竞技的失败也许只是局部的失败，但是，当类似的问题始终得不到改变，始终不被尖锐地提出，那么，这种失败的命运就将是一连串的了。

我们不应向劣质事物和人物致敬。

哪怕再"不容易"，我们也决不迁就。

■ 赏 析

这世界有它既定的规律，竞争是它的主旋律。优胜劣汰，适者生存，乍一听，似乎很残酷，谁叫咱活在这个星球之上呢？"沉舟侧畔千帆过，病树前头万木春"（刘禹锡语）。一切事物无不在发展中壮大，于发展中生存。倘若某些人硬是漠视生存，硬是把平庸之辈推上金銮宝殿，硬是想做"沉舟"、"病树"，这能怪谁呢？那你就只好自我"辩护"，自我安慰、自我消失吧。

要知道，"世界的聚光灯总是打在优秀人物和胜利者的身上"。

■ 烦恼收购

>> 左伯山

烦恼是活人身上的疮疥，是健康人心里的阴影，是头顶上空驱不掉散不去的幽灵。

若问世间最折磨人的是什么？我想人人会说，"所有折磨人的苦闷之事只有一个——烦恼！"烦恼是活人身上的疮疥，是健康人心里的阴影，是头顶上空驱不掉散不去的幽灵。

一个晚上，我睡下后做了一个梦，我梦到人间所有的烦恼幽灵突然来到我的床前。告诉我说，阎王爷新盖了一栋现代化"烦恼仓库"，高价对芸芸众生进行烦恼收购。

我立刻翻身下床，找了一条麻袋，把我的烦恼装了起来。我先装的是饮酒就醉，打麻将就累的烦恼。

"你折磨了我整个任期。"我说，"我现在就让你下地狱入阎王爷'仓库'！日后豪饮不会再醉，打麻将不会再累，正合我意。"

接着装进去的是皮肤瘙痒和我的近视眼。这两个东西使我不能正常专心工作，无论如何我得售出去！

至于上半生的坎坷、苦难、曲折……我全装了进去。

最后老婆告诉说，请把她的无始无终的辛酸，没完没了的家务劳累也捎过去。

我用自行车驮着烦恼"麻袋"，急匆匆赶往阎王爷"烦恼仓库"。路上遇到我的顶头上司，他是用"皇冠"拉了一车。仿佛有陪吃不尽的腻烦埋怨，纳贿时不时被人举报后的提心吊胆，出国旅游中的劳累麻烦……我顾不得细细察看，转眼间来到"烦恼仓库"门前。

有小鬼在那儿登记。我看了看登记的名册，已厚厚半本。我不以为然地信手翻阅，原来不少人已较我先入库，而且详细登记造册，分为三类：

一类收购的是我隔壁老叔的那种烦恼。他娶了一个花容月貌的老婆，却做了别人的情人；还有靠炒股票，房地产发家的大款及贪污纳贿走后门一步登天的腐败官员……这类人的烦恼明码标价最高。二类烦恼是被三角债纠缠不清的企业经理老板的；被假种子假化肥假农药吓怕的农民老汉的；被乱收费乱罚款弄得丧魂落魄的小商贩的；被假补药假补品弄得生长发育失调的儿童少年的；四处碰壁不合时宜的怀才不遇者的；担心岁月催人老的节目主持人、歌星、影星和"三陪女"的、"小蜜"人员的……诸如此类，标价一般。三类是单靠劳动无论如何不得尽快致富的平民百姓，只知勤奋不懂歪门邪道的小公务员，入不敷出、手头经常拮据一辈子难遇顺心事的小学教师，大呼小叫爱哭爱闹的小女孩等等，这类的标价最低。说明阎王爷那里的是非有时同样是进行了颠倒。

我站在那儿等着验货，登记时我跟小鬼讨价还价。我想吊个高价，可小鬼说什么也不跟我理论，硬是填上清单，列入烦恼三类。我说："求求您，给我弄个高价吧？我这烦恼并不比别人的差啊！"并再三追问它为啥给我列入三类？为什么不高抬一下贵手呢！

小鬼说，它看见我的"麻袋"里装有一篇文稿，内容"怨天忧人"，而且可能要发表出去。因为我没有本事和能力干真正的罪恶勾当，所以才如此小题大做。

■ 赏 析

世间万事万物，什么是最复杂的呢？人是最为复杂的，人生永远捉摸不透。人的复杂反映在每个人连自身都无法真正把握。皇帝至尊，也难免演出荒诞的"皇帝的新装"。《皇帝的新装》的主人公是个糊涂荒唐到极致的典型。这出著名的闹剧给人们一个教训：人，对自身、对外部世界要有一种客观的清醒的意识。

作者这篇《烦恼收购》就表达了俗世中人的清醒意识。有时候，人的某种清醒在潜意识里也有表现，比如这篇《烦恼收购》写的是一个梦。这个梦即是潜意识里人的一种清醒。

人生是由无数种烦恼连缀起来的，整个人生又是不断地摆脱烦恼的过程。作者想得奇妙，他希望有个烦恼收购点，一举两得，既排除了烦恼，又有点进项，世上再没有这等好事情了！可是，烦恼却是无处不在的，"烦恼收购点"也给人烦恼：原来它对人们的烦恼收购是分等级的，"我"的烦恼被不幸地列入第三类，最为廉价。而排在头等的是些什么呢？是得了美人又为他人所夺得，是投机的大款，是因受贿获升的新贵——他们的烦恼反而最值钱！旧的烦恼没处置掉，新的烦恼又涌上心头。看起来，既为人，既活着，你是休想脱离烦恼纠缠了。

好在，主人公终于得到一种清醒："我"是个没有干出罪恶勾当的本事和能力的人，"我"种种烦恼源自于社会良知，遇事往往"小题大做"。梦乎此，明乎此，倒不失为幸事一桩。

■ 突然发现

>> 李清文

果然有蝶在那儿翩翩起舞。一边是死的沉静，一边是生的律动，和谐而又美丽。细想那沉睡的生命生前定然比那蝶伟大，但此刻却已不能再像蝶一样来感受人生的美好，这何尝不是生命的一种遗憾？

飞舞在墓碑旁的彩蝶

有一年我失恋了，情绪低落得想自杀。一位朋友来看我，无论怎样劝慰，我都听不进去。我俩立在窗子边，户外一派萧杀，远处是一片墓群。我俩都沉默着。过了许久，朋友忽有发现似地指向远方说："你看到了吗？那墓碑上有一只彩蝶。"我仔细一看，果然有蝶在那儿翩翩起舞。一边是死的沉静，一边是生的律动，和谐而又美丽。细想那沉睡的生命生前定然比那蝶伟大，但此刻却已不能再像蝶一样来感受人生的美好，这何尝不是生命的一种遗憾？朋友见我沉思不语，接着又说："人，既然连死都不怕了，又何必怕生呢?!"

于是，我活了下来，并时常记起那飞舞在墓碑旁的彩蝶。

婚姻的空洞

他因情有所移，准备和妻子离婚。他们曾是青梅竹马，成年后相恋数载，一参加工作便缔结了姻缘。只是他下海经商后时常出入酒吧歌厅，迷上一位貌美的年轻女子，就萌动了另组新家的意愿。

可他的内心依然有些疼痛，既有难以割弃旧情的伤感，又有对即将面临的生活的疑虑。在下定决心离婚另娶的前夜，他喝了不少烈性酒，抽了许多烟，以致醉得连烟头将身穿的羊毛衫烧了个洞都毫不知晓……

就在他着手离婚准备的时候，发现那件羊毛衫的洞，被妻补绣了一朵绝美的并蒂莲。他心头一颤。他再没提离婚。婚姻之妙，不止在其艳如并蒂莲，还在于这并蒂莲开在何处。

仰天一声喊

一次，一位忘年交讲起他童年的经历：

我9岁那年，家里很穷，总是填不饱肚子，见领居家顿顿吃白米细面，好不羡慕。我站在邻居门口张望，直咽口水。邻居比我大两岁的儿子就让我学一声狗叫，他给我一块煎饼，我咬牙答应了。第二天我又饿得发慌，这次他让我学猪嚎，我嚎了两声，他递给我一截烧薯。一连好多天，我有时模仿奶羊咩咩叫，有时叽叽地做鼠叫，总能得到一星半点吃食。一日，邻居儿子说："你以前叫的都不够像，这次你再学一种动物叫，要是能叫得跟真的一模一样，给你十块煎饼。"我左思右想，脸颊憋得发热，再也叫不出新花样，可心里一直想哭。于是，我大喊一声："人叫！"趁他愣神那一刻，我高昂着头从他面前走过，当时不知怎的，我有一种说不出的快感。

"后来呢?"我问。

"后来我就到外面闯世界，一步一步走到今天。几十年过去了，我怎么也忘不掉这件事，特别是那天我的一声喊，真动听呀!"说完，他眼里噙满了泪花。

这位朋友现在是一家拥资千万的公司总经理。

■ 赏析

细看远方，你发现了墓碑旁的蝴蝶，感悟到了生命的可贵；不经意间，他看到了那朵并蒂莲，留住了美满的姻缘；偶然一次，他大喊一声，舒展了久缚的尊严。

这一切，都是突然发现。

突然发现，是一种眩目的美丽。也许浓雾之外阳光灿烂；也许芜杂的田园中尚存一朵娇艳。请不要只顾低头走路，蓦然回首，意外的惊喜会将你俘虏。

突然发现，是一种独特的享受。也许雨中一把等你走入的伞，也许你的心琴正弹奏着不屈的颤音。请不要只去刻意追寻前方的锦绣，停住脚步，细细聆听，你会找到自我的回声！

■ 孤草·假花·枯叶蝶

>> 龙心青

生命的长度，无人可以延伸；生命的宽度，人人可以拓展！

A

房顶上，长出了一株小草。如果它长在地上，那只是普普通通的小草，可它偏偏长在房顶！

偶有飞鸟驻足它的身旁，赞叹它的与众不同，于是它把这些当成了世界的全部。它并不知道自己到底是什么，又应该是什么。每有微风，它便伸长手臂，摇曳身躯，希望能触及天空，即使蓝天依然遥远，即使世界也还是茫然一片。

它自信与蓝天更接近一层，自信高人一等，更觉地上的小草无法与它相提并论。其实，它也会感慨自己处于上无依托、下无靠傍，完全孤独的境地，当然，这只是偶然。

一天，一年，脚下没有土地，周围没有朋友。

直到有一天，房子拆了，它葬身瓦砾，这才明白自己是什么，这才感受到内心深处的悲哀——

为什么自己不牢牢扎根于大地，像其他的草一样？

B

鲜花终会凋谢，塑料花却地久天长。聪明的商人把花做成半凋败状，模仿真花的生命，留住假花的永恒。

一瓣残红、一道流星、一片落叶，常让我们感叹生命短暂。然而，昙花虽只一现，却曾倾情地开，无悔地谢；流星虽只一瞬，却曾划亮整个天空；落叶飞舞，却曾绿染枝头，孕育着新生。

生命的长度，无人可以延伸；生命的宽度，人人可以拓展！

假花庆幸自己永远不会零落成泥，"永恒"的生命是它唯一的要求。

然而，生命与凋谢同存，究竟是喜，是悲？——真正的生命虽不永恒，但未必是悲，因为人们对凋谢的敬意永存。

C

传说，峨眉山下有一种枯叶蝶，比世界上最美的蝴蝶更让人怦然心动。

当它合起双翅，像生长在树枝上的一枚枯叶。它收敛了它的花纹、图案，隐藏了它的粉墨、色彩，逸出了繁华的花丛，停止了翱翔的姿态，变成了一枚憔悴的、如同死灰颜色的枯叶，粘在枝头，摇摇欲坠。

它这样伪装，是为了保护自己，但还是逃不脱被捕捉的命运。

既然，有一对美丽和真实的翅膀，为什么要装模作样化为一只枯蝶？即使被捕捉，也要选择用自己真实的双翅纷飞满天。

枯叶蝶，它的可悲并不在于它的美丽，而恰恰在于它掩饰美丽的憔悴和枯槁。

■ 赏 析

我咀嚼着屋顶小草的"孤"，审视着塑料花永恒的"假"，反省了枯叶蝶的"装"，它们仿佛让我辨出了什么……这就是文章的魅力。有人说："我不愿用分数来评价它，更愿意去体会它！"这就是说，作者托物言志已见其效。

忽然想起"学而不思则罔，"要没有思维的习惯、感悟的机敏、思想的升华，物从何来？志又何谈？

■ 相连的城市

>> （意大利）卡尔维诺

我掀开帘子的时候，整个窗子填满了面孔：从这一角到那一角，层层叠叠的、远远近近的，都是静止的扁平的圆脸，带着微微的笑意，许多手攀住前面的人的肩膀。连天空都看不见了。我干脆离开了窗子。

在旅途中，我每次经过珀萝可琵亚都会停留一阵子，住同一家旅舍的同一个房间。自从第一次看过之后，我每次都会掀起窗帘看风景：一道土坑、一条桥、一小幅墙、一株欧楂树、一片玉米田、一丛杂着黑莓子的荆棘、一个养鸡场、一座山的黄色顶峰、一片白云、一角秋千形状的蓝天。那第一次我肯定没有看到人；到了第二年，因为叶丛里有些动静才看到一个扁平的圆脸在吃玉米。又到了第二年，矮墙上出现了三个人，而回程的时候看到的是六个，他们并排坐着，手放在膝上，盘子里有些欧楂子。以后我每年一走进房间掀开窗帘就会看到更多的面孔：十六个，包括在土坑里的；二十九个，其中八个趴在欧楂树上；四十七个，还没有把鸡屋里的算进去。他们面貌相同，似乎都温文有礼，脸上长着雀斑，他们面带笑容，有些人的唇上沾上黑莓子汁。不久之后，我看见整条桥都攒满圆脸的家伙，因为缺乏活动空间，大家都缩成一团；他们吃玉米子，然后啃玉米心。

这样，一年一年过去，土坑就看不见了，树、荆棘丛也消失了，它们给一排一排嚼叶子的、微笑的圆脸遮住了。你想象不到，一小片玉米田这样有限的空间能够容纳多少人，尤其是抱膝静坐的人。他们的数目必定远比表面看起来的多：我看见山峰被愈来愈稠密的人群遮掩；可是桥上的人如今习惯跨上别人的肩膀，我的眼睛已经看不到那么远了。

今年，我掀开帘子的时候，整个窗子填满了面孔：从这一角到那一角，层层叠叠的、远远近近的，都是静止的扁平的圆脸，带着微微的笑意，许多手攀住前面的人的肩膀。连天空都看不见了。我干脆离开了窗子。

然而要走动也不容易。我这房间里有二十六个人：想移动双脚就会碰到蹲在地上的。有些人坐在半身柜子上，有些人轮流着靠在床上，我就在他们的膝盖和手肘之间挤过，幸亏都是极有礼貌的人。

■ 赏 析

人越来越多，拥塞着，累积着，把这原本美妙的世界弄成了千疮百孔，那山，那白云，那"一角秋千形状的蓝天"在哪里？

到处是人的海洋、人的世界，到处都填满了"静止的扁平的圆脸"，"玉米田这样有限的空间能够容纳多少人"，他们在吃完所有的"玉米子"之后，只能去"啃玉米心"。

人在扼杀着自然，自然也会最终扼杀人类。

■ 生命的痕迹

>> 白雪洁

人生何尝不像那只燃烧加盐的蜡烛？人生下来就在燃烧的开始，那盐粒犹如人生路上的坎坎坷坷；如果每个人都能像那韧性燃烧的蜡烛一样，战胜遇到的每一个沟沟坎坎，那么得到的便是耀眼的光明。它曾照亮的那一方，便是它生命留下的痕迹。

土地没有水岂不成了沙漠；人类没有爱，还会剩下什么？

小时候，每当停电，常常坐在蜡烛旁遐想。那时，为了延长燃烧的时间，往往在烛芯的周围加几粒盐，立即，随着微妙的劈劈啪啪的响声，怒放的烛花变得左摇右晃，异常艰难，但那烛光却是格外的耀眼、明灿。时光荏苒，蜡烛旁的小姑娘逐渐长大了，她从那加盐的蜡烛中悟出了一些人生道理。人生何尝不像那只燃烧加盐的蜡烛？人生下来就在燃烧的开始，那盐粒犹如人生路上的坎坎坷坷；如果每个人都能像那韧性燃烧的蜡烛一样，战胜遇到的每一个沟沟坎坎，那么得到的便是耀眼的光明。它曾照亮的那一方，便是它生命留下的痕迹。

■ 赏 析

往灯蕊上加盐粒曾是"我"童年做过的游戏，那闪烁不定的烛光照亮"我"在黑夜中寻觅前行的方向，时光荏苒，今天"我"在燃烧着的蜡烛中耐心的读生命……

生命是有痕迹的，人生之路坎坎坷坷，迈开的每一步又何常不艰辛呢？"人生下来便是燃烧的开始"，战胜了每一个苦难中的自我，不也等于击碎崎岖和坎坷么？为人生涂彩，为生命写白，用一颗充满激情和慈爱的心去生活，相信生命留下的痕迹将是一道永恒的风景！

■ 前方给你

>> 任慧敏

前面有一条路，五彩缤纷，鲜花似锦。路上激荡的乐曲，振奋着人们的胸腔。那是一条多彩的路。前面有一条河，芙蓉花般的微波轻轻荡漾。河水亲近着人类，那才是一条缠绕我们的彩链呢。

东西南北中，也不知道到哪里更好。但是不管到哪里，只要先到前面去看看，就会感到比眼前开阔。由此，前面吸引了那么多的人，都在急于赶程。

前面有一片绿树，鸟在上面，霞在上面，春风在上面。日头下枝枝叶叶在发出不同的光亮，如姹紫嫣红的火焰。

前面有一片梅园，轻轻滴着五千年的梅瓣，渗进皑皑白雪，呈一副古老的画面。古老希望和现代希望亲密相接，那是一个民族的梦境。

前面有一条路，五彩缤纷，鲜花似锦。路上激荡的乐曲，振奋着人们的胸腔。那是一条多彩的路。

前面有一条河，芙蓉花般的微波轻轻荡漾。河水亲近着人类，那才是一条缠绕我们的彩链呢。

站在前面能看到后面。开始的时候还清晰，渐渐地就被新的风影遮掩，开始变得模糊不清。站在前面能望到前面，青山绿湖总在前面，越往前面走看得越真实。只要伸长胳膊，都能搂进怀里。

前面比身边亮，前面比身边好看。前面蝶飞燕啾，鸟唱蜂鸣，是一大片一大片的圣境。

前面多好。

■赏 析

东南西北中，哪种方向应是人生的取向？无一。生命的取向是前方。

前方有一片绿树；前方有一片梅园；前面有一条路；前面有一条河；前面有着无尽的风景，却也浸着人生的境界。追逐前方不仅是让自己无憾，更是在追求一种境界。

凡是到达的，都属于昨天，太深的流连是一种羁绊，绊住的不仅是双脚，还有体验和未来。

"不管到哪里，只要先到前面去看看，就会感到比眼前开阔"，这又是一种高度。

给自己找个对手

>> 大 卫

瀑布寻找深潭作为对手，它在纵身飞跃的刹那，才创造出银瓶乍裂、金迸玉溅式的美丽和壮观。给自己找个对手，从某一种意义上说，又何尝不是在检验自己的那根名叫命运的弹簧，到底能够承受住多少来自生活的重量?!

据说作为一个英雄最大的悲哀并不是被别人打败，而是在征战的疆场上没有一个可以与之一试高低的对手。

在这个世界上我们不可能每一个人都做英雄，我们只是一些普普通通的人。但和那些威名显赫的英雄一样，我们这些凡夫俗子也有一个强烈的渴望，那就是给自己找个对手，让平淡的生活激荡出一些清亮亮、蓝盈盈的浪波。

瀑布寻找深潭作为对手，它在纵身飞跃的刹那，才创造出银瓶乍裂、金迸玉溅式的美丽和壮观。

钻机寻找岩石作为对手，它才在寂寞、枯燥的工作中谱出流热溢火的壮歌，才能在单调乏味的日子里释放出自己的能量、闪耀出自己的辉煌。

给自己找个对手，就如同刀在寻找剑；歌词在寻找旋律；骆驼在寻找沙漠；金钢钻在寻找瓷器……

给自己找个对手，并不是盲目地寻找"挑战者"。在这儿必须弄清楚的一点就是：我们在给自己寻找"对手"，而不是寻找"敌手"。我们并不想逞一时之能而四面树敌八方威风。我们也绝不想把对方打倒在地，然后气喘吁吁地决出胜负、分出高低。

给自己找个对手，说白了就是自己强壮自己、自己锤炼自己。让那颗历经风霜的心在跌宕起伏的岁月里，能够不断地迎接机遇与挑战，并且把其中的经验与教训作为自己不断成长的营养。

给自己找个对手，从某一种意义上说，又何尝不是在检验自己的那根名叫命运的弹簧，到底能够承受住多少来自生活的重量?!

■ 赏 析

"给自己找个对手，让平淡的生活激荡出一些清亮亮、蓝盈盈的浪波"。

于是，瀑布找深潭作对手，创造出银瓶炸裂、金迸玉溅式的壮观；钻机寻岩石作对手，实现力透千米的宏愿。

给自己找个对手，是永远不服输，也是永远不认赢。给自己找个对手，是一种进取，是一种奋斗，也是一种高度，绝不同于寻找"敌手"。

人，活着，有一种高度——时刻给自己找个对手!

■ 秋天，也是一种开始

>> 段正山

秋天的果实对于春天的花蕾来说诚然是一种圆满，而秋天的落叶对于春天的芬芳来说却是一种终结。没有哪个季节比秋天更能让人感到生命的璀璨与生命的枯萎竟是戏剧般地连在一起，几乎就在一夜之间欣喜就会可能变为疑惑，甚至就在同一片风景里，这边是丰硕，那边却是落寞。

许多人都喜欢礼赞秋天金色的收获，而就在这种礼赞之中秋天却悄悄给人们一个凄清的空白。

秋天的果实对于春天的花蕾来说诚然是一种圆满，而秋天的落叶对于春天的芬芳来说却是一种终结。没有哪个季节比秋天更能让人感到生命的璀璨与生命的枯萎竟是戏剧般地连在一起，几乎就在一夜之间欣喜可能就会变为疑惑，甚至就在同一片风景里，这边是丰硕，那边却是落寞。

然而，这实在不是秋天的过错，而是看错秋天的人的悲哀。

当一种追求终于得到报偿，一种拥有足以成为辉煌的时候，我们很有可能就会用满足衰减曾经的愿望，用得意吞噬往日的激情了。

于是我们时常站在一个高度而无法超越，时常徘徊在一种境界的面前而茫然无措。

其实，时光从不会停滞，季节也不会有断层，只要愿意并为之努力，我们什么时候都可以给世界一个惊奇，给自己一个惊喜。

既然秋天不会给我们永恒的完善和充实，秋天只能是更高意义上的开始。

秋天里我们毕竟不能沉醉太久，沉醉只能使我们在严冬里颤栗而不知所措。相反，鼓起壮志迎上去，即使在寒冬的风雪中练就的也将是更厚实的勇气。

秋天里我们毕竟不能只要慨叹，金黄变为枯黄是一种凋落，也是一种新生，只为凋落唱挽歌，绝听不到新生的奏鸣曲。

秋天里我们毕竟不能有太多的失意，心中的灰暗太多，就是给你的都是朗日晴空，又怎能穿过厚厚的冻土，为春天献上一抹绿意?

秋天，也是一种开始。

不妨把或多或少的收获放进日记，不妨把变真变幻的追求交给岁月，不妨抖落掉满意的笑声也抖落不满意的愁云，不妨忘记徒劳的辛苦，也忘记并不辛苦的幸运，迎着一天比一天强劲的西北风出征。

把秋天作为开始，四季才会崭新。

■ 赏析

追求得到报偿之时，我们总会得意忘形，沉醉于收获的喜悦之中不能自拔。然而，正如秋天同时有着"金色的收获"和"凄清的空白"一样，生命中新的高度往往会是一片荒芜，等待你的耕耘。

当我们还在回味昨日的成功时，今日已经悄然而远。寒冬中，我们"颤栗而不知所措"。春天里，我们的生命没有绿意。

将"收获放进日记"，把"追求交给岁月"，无需慨叹，无需沉醉，以崭新的心情，把收获的季节作为开始，进行新一轮的征程。这样，"四季才会崭新"，生活中才会有所超越。

生存态势

主　编：北京大学中文系主任博士生导师
温儒敏
北京师范大学中文系博士生导师
王富仁

（下）

吉林人民出版社

夏季不浪漫

>> 段正山

夏季原本不是坠入风月把酒弄花之时，上天赐给我们充足的阳光远不是让我们放弃冷静而浮躁地在避暑之地挥霍金子般的时光和无品位的安乐。

再也不必为冷酷和肃杀中的梦想而悲壮地遥望，再也不必为料峭和飘忽中的绿意而幼稚地浅唱。

再也不必为等候鲜红的旭日而孤苦地熬过漫漫寒夜，再也不必为听到久违的鸟鸣而苍凉地翘首凄清的长空。

夏季，少了几许冷峻，多了几缕柔情；少了几抹焦灼，多了几片散漫；少了几丝郁闷，多了几分悠然。

信步踏过迎面风清雨亮，蓦然间已满目花红柳绿山青水秀。

夏季，无处不浪漫。

然而，夏季的浪漫却无论如何掩不住无语的沉重和厚厚的寂寞。

滚烫的烈日下农人亮亮的汗珠从黑黑的脊梁滑落，不停的赶路人顶着热浪忍着干渴，而足音有韵步履带风背影依旧执著。

不要带着同情的口气去追问他们是否有煎熬的感受，也许只会在树阴下乘凉的人们不会理解，夏日里不辞辛苦劳作的人们在小憩时露出的微笑是格外的舒畅，他在夜里的鼾声，一定很是甜美。

因为夏季原本不是坠入风月把酒弄花之时，上天赐给我们充足的阳光远不是让我们放弃冷静而浮躁地在避暑之地挥霍金子般的时光和无品位的安乐。

还有那缠绵的细雨，把我们阻在家里也并不是让我们脆弱地感伤或惬意地入眠。

夏季带给我们的一切美意和快感无非是让我们沉静地反省，因为我们所看到的枝繁叶茂和苍翠挺拔仅仅证明生命正在生长，果实正在酝酿。

夏季的浪漫恰恰是种假象，遮住了人们浅薄的目光，最后的结局远没有出现，最大的收获远没有到手，最好的境界远没有形成，什么样的可能都在隐隐约约地起起落落。

夏季，更需要清醒地把握；夏季，更需要静静地寻路。

夏季不浪漫。一旦误入浪漫的夏季而不自制，快乐而短暂的疯狂之后，秋天里只能独对凄凉。

■ 赏 析

夏季不浪漫？一开始的感觉总有点疑惑。原来，"夏季的浪漫却无论如何掩不住无语的沉重和厚厚的寂寞"。

四季是更替的，这是自然法则；人生是流变的，这是发展规律。夏季背后站着自然的四季，四季背后站着一种人生。夏季的浪漫终究要成为过去，人，不可能只要浪漫，还要硕果累累的人生。

有一种浪漫公式：对现实世界的正视＋对美好人生的享受＝真正的浪漫情怀。这包含着浪漫的前提！

■ 争的魅力

>> 于 萌

争，是人们对生活所持的积极态度。只有"争"，我们的生活才会充实，才能树立雄心壮志，振奋革命精神：只有"争"，我们的事业才会兴旺发达，蒸蒸日上。

在我们的学习和生活中，如果你对事物的见解和主张跟别人不同，如果你习题的解法跟别人有异，如果你看到别人已赶上或超过了自己，如果你在生活中遇到了不幸，事业遭受了挫折……面对这些问题，你该怎么办？回答很简单——"争"。

争，是人们对生活所持的积极态度。只有勇于去争的人，方称得上是生活的强者。张海迪大姐姐的感人事迹想必大家都很清楚吧，她胸部以下的肌体都失去了活动机能，长期受着疾病的折磨。在这种情况下，她以惊人的毅力，自学了大学课程，学会了英、德等几种外语。还用自己学到的针灸技术，帮助别人治病。她战胜了病魔，争得了胜利，不愧是"青年先锋，时代楷模"。然而，张海迪大姐姐之所以能在身残之后做出成就，依靠的是什么呢？是自己争取活下来的愿望，进而为人民造福的坚定信念。她在跟死神的抗争中，顽强不屈，决不气馁，终于取得了胜利。

争，是人们夺取胜利的有力手段。在举世瞩目的第 23 届洛杉矶奥运会上，我国选手奋力拼搏，一举夺下了 15 枚金牌，打破了中国在奥运史上零的记录，以一个东方巨人的姿态屹立在世界体坛之上。这一切，都是我国体育健儿发扬"拼搏"精神，奋力争取的结果。从我国的"四化"大业来说吧，要是全国人民不同心协力、努力争取，"四化"宏图又从何实现呢？建设社会主义强国岂不成了一句空话？

争，又是人们解决问题的有效办法。如果我们在学习中，对习题的解法出现了分歧，那么，我们就应该心平气和地坐下来，摆事实，讲道理，进行一番"论争"。在没有分出正误之前，我们都应该坚持自己的见解，据理力争，决不能轻易改变自己的见解。这样，学习就有进步，成绩就会提高。

既然"争"在我们的学习和生活中这么重要，那么，怎样"争"才算正确，才能有收获呢？

争，要有明确的目的。即，为坚持真理，分清是与非、善与恶、真与假而"争"。否则，"争"不仅是徒劳无益的，而且还会产生不好的影响。

争，只要认定目标，就应该坚持到底，决不半途而废。即使在前进的道路上遭受挫折，也应该毫不畏惧，继续奋争。

争，要有实事求是的态度。如果在争论中，发现确实是自己错了，就应当改正错误，虚心地向对方学习；如果是人家错了，就应当据理力争，并耐心启发诱导，使人心服口服。在暂时不能统一的情况下，应该求大同，存小异，不屈从他人，也不把自己的意思强加于人。

"争"，小而言之，关系到我们的学习和生活；大而言之，关系到国家的革命和建设。只有"争"，我们的生活才会充实，才能树立雄心壮志，振奋革命精神；只有"争"，我们的事业才会兴旺发达，蒸蒸日上；只有"争"，我们的祖国才能实现"四化"，大展宏图，雄踞世界民族之林。

■ 赏 析

"争先恐后""争强好胜""只争朝夕，争分夺秒"，这些带"争"字的成语，是对奋斗者的褒扬和赞赏；而"争权夺利""争风吃醋"这些成语则是对势利小人的针砭和挞伐。

　　为真理而争为真善美而争，可以说争之有理，争之有道；为谬误而争，为假丑恶而争，可以说争之徒劳，争之无益。

　　让我们为世界和平，为人类幸福而勇往直前地争吧！

■ 自卑·自负·自强

>> 赵晓康

真正的自信，既要把成功做甘霖，也应视失败为财富；既能从成功中受到鼓舞，扬帆前进，也能从失败中汲取教训，东山再起，百折不挠，奋斗不息。"成固欣然，败亦不忧"是自强精神之内核。

自卑、自负、自强是三种不同的心态。自卑者轻视自身，往往自惭形秽；自负者孤芳自赏，自以为红杏出墙，不可一世；自强不息的人都时刻不忘努力发奋，积极向上。显然，对待事业所持的正确心态应该是——抛开自卑，放下自负，满怀自强精神。

自卑不同于自谦。自谦使人虚心谨慎，在成功面前保持清醒头脑，知己知彼，取长补短，虚怀若谷，因而是中华民族传统的美德；自卑却使人锐气殆尽，雄心丧失，是懦夫的温床。在当今竞争激烈的社会里，自卑者不但缺乏竞争意识，而且自愧弗如，自动退却，一再失去竞争机会，终与成功无缘。

个人的自卑如此，那么，一个国家，一个民族的自卑呢？放眼街头，日本车竞相赛跑，合资企业声势浩大，电影电视也"洋"字占先，甚至连小小的贺年卡也要印上"台湾"、"香港"以示货色高档。乍看，经济是搞活了，市场也繁荣了，然而，仔细想想，现象背后是不是多少有那么点自愧弗如的自卑感作怪呢？

自负与自卑正好相反。自负者负己之长，无视己之短，偶然一点成功或通而不精的一点特长，都能使他们自我陶醉，甚至发展到天下无我不能、唯我是能的程度。自我膨胀的心态是极其危险的：称雄天下的曹操，兵败赤壁；目空一切的周郎，吐血而亡；骄傲自负的马谡，身首异处……这些血淋淋的史实，应成为自负者的借鉴。

自强首先是建立在丢开自卑，放下自负的基础上的，把自己暴露在阳光下，蒸发自卑的潮气，引来自强的火种，智能的干柴才会熊熊燃烧，海伦·凯勒天生具备令常人自卑的生理残疾，但她不屈服、不抱怨、不自卑，顽强而执著地追求事业，追求生活，终于取得常人不可想象的成就。

自强者还应充分认识并相信自己的价值。毛遂勇于自荐，也正因为他对自己有充分认识相信自己的才能与价值。居里夫人说："我们要有恒心，尤其要有自信力！我们必须相信我们的天赋是用来做某种事情的，无论代价多大，这种事情必须做到！"她终于获得成功。

自强不息的人，往往能正确对待成功与失败。真正的自信，既要把成功做甘霖，也应视失败为财富；既能从成功中受到鼓舞，扬帆前进，也能从失败中汲取教训，东山再起，百折不挠，奋斗不息。"成固欣然，败亦不忧"是自强精神之内核。

■ 赏 析

我们对待事业所持的正确心态，应该是抛开自卑，放下自负，满怀自强精神。

自卑过重，我们就会自惭形秽，

自负过重，我们就会孤芳自赏。

自强满怀，我们就会把握成功。人生需要的显然是后者。

■ 孤独者的蓝夜行车

>> 黄月月

深蓝色的窗，深得好像被灯笼鱼照亮的海底。摇曳，街灯般摇曳，仿佛是香榭丽舍的大街，被玻璃包围的世界里，烛光在水上飘荡。咖啡的清烟浮起在遐想的上空，渺茫的音乐随意地切割空间。呼吸凝结成水汽，模糊了玻璃的透明。

火车的浓烟消散在身后的平原，银色的铁轨划破黑色的静谧。沉睡的气息。死亡的呼吸。窗外的一切迅速地诞生，死亡，永不停息。

深蓝色的窗，深得好像被灯笼鱼照亮的海底。摇曳，街灯般摇曳，仿佛是香榭丽舍的大街，被玻璃包围的世界里，烛光在水上飘荡。咖啡的清烟浮起在遐想的上空，渺茫的音乐随意地切割空间。呼吸凝结成水汽，模糊了玻璃的透明。脚步声近了又远了，任性的身影被街灯拉长。在"冰冷，无情的星空下"，独自在黑夜中游荡。而这黑夜只不过是几千几万个黑夜中的一个。霓虹灯令人宽慰的暖意渐渐冷却，然后一切又回到深蓝。

但是，深蓝已不复存在，窗外的暗夜仿佛浸在水里。厚厚的颜料开始融化，褪成透明的蓝，水手的蓝。在那个古老的港口，一阵阵地泛起。Piraeus，一个通往智慧的城市，我以为在那里，所有的秘密都将得到解答。雅典卫城淹没在透明的蓝中，月亮从 Parthenon 神庙不复存在的顶上升起，赋予残缺的雕像生命。我沉醉于他们的低语，他们凝望我的那一瞬间。我企图抚摸他们凝固的衣服褶皱，然后我发现，每一个雕像都有一张相同的脸，她的脸。然而透明的蓝淹没了我，淹没了那低语："没有秘密，没有真相。"

一个站台过去了，千万个站台过去了。一个场景出现在加西亚·马尔克斯的《百年孤独》中："登上一列永不停息的火车，窗外的风景变成了一条条的线，拉长了拖在岁月之后。"头顶上的群星在迅速地逝去，一抹白色擦过天际。沉思的平原，不久将被唤醒，但现在，它的呼吸依然沉稳。火车驶过它的梦境，或者说，是平原经过火车的梦境。当清晰的手指剥去夜的包裹，谁还会记住谁？眼前的风景也淡成了朦胧的薄纱，被强劲的风扯去，最古老的记忆却开始苏醒。蓦然回首，灯火阑珊的地方，却再也找不到最初的那个浪迹天涯的理由。

一个季节逝去了，又一个季节逝去了。季节对于我，不再是石子惊起的涟漪，一圈圈地扩散开。它们井然有序地排着队，在火车有节奏的脉动中，撤退。"停下来！"这种想法就像久已遗忘的潮水一样涌了上来，掀起阵阵清凉的水浪。那些问题，那些尚未找到答案的问题，有多少次我已经驶近了答案，然而永不停息的火车带着我离去，一次，一次，又一次。时间的坐标一如银色的铁轨笔直向前，"把二月的暴风雪远远地抛在身后，又去追赶永恒的春天了"。

灰色的浓烟切断了过去，银色的铁轨似乎连接了未来。火车在自己喷出的灰色世界里前进，并且把这叫作安全。然而一种前所未有的感觉袭击了我，"那种感觉是那样地黑，那样地深不见底，就像星光照不到的天空中的黑洞"，喉管的热血在它的利齿间喷涌。倒下的时候，我听到它嘲笑的声音说道："这就是你的愿望吗？"孤独，深入骨髓的孤独。当我放弃寻找的时候，它找到了我。

然而夜的气息，如死亡般终于散去。蓝，沉没的月的蓝，风逝的蓝，被空如其来的金色惊醒。那是怎样的一个日出啊！仿佛我听见的第一个日出，而之前的日出从未让我这样着迷。（Moming are broken, like the first morning.）阳光慢慢爬上飞驰的火车，淡淡的白光透进车窗，我能感觉阳光在我手上爬行，又慢慢爬到我的脸上，我不由地闭紧了眼睛，窗外的一切消逝了，只有一片延伸的金色。眼前的道路闪闪发光，我认为我会一直这样走下去。

■赏 析

　　人和自然原本和谐一族，自然养育了人类，人类离不开自然。然而，高速增长的经济怪圈，却使人类利令智昏，数典忘祖，戕害蓝天、大地、山川等，其状况令人惨不忍睹。有识之士振臂一呼：让天更蓝，水更清……，作者以具体行动描绘出蓝天"呻吟图"，以及对未来的期盼，呼唤人和自然合一，蓝天的等待是指日可待的。

■门

>> 刘素虹

坚持的昨天叫立足；坚持的今天叫进取；坚持的明天才叫成功。

有一座大院，一座新起的大院，最引人注目的就是正中的那一扇大门。门上刷着红色的油漆，亮亮的，在阳光下更是十分刺眼，凡是经过这座大院的人，都禁不住回头望一望。

不知哪一天，主人带回一棵小树，把它种在了门前。

月色溶溶。在这宁静的夜里，远远望去，只有矮小的树和高大的门作伴。在月光的爱抚下，门是越发不可一世。

有这么早早晚晚的一天，静静的大门外传来一阵说话声："你给我滚，不许站在这里。"原来是憋了一肚子气的门在讲话。

"你是说我吗？"树小心翼翼地问道。

"那当然，你这么难看，站在这里有损我的光辉形象，我讨厌你。"

"门大哥，不是我愿意站在这里，是我们的主人让我站在这里的呀。"

"什么？'我们的主人'，呸！你好不要脸，那只是我的主人，你不配。不管怎样，你马上给我滚。"

这时的小树委屈得在风中哭泣，它真想马上离开这里，到什么地方去都行。

但是主人并不知道它的委屈。因而，隔三差五地小树就要受门的嘲弄，挨门的辱骂。

看来，不只我们人类是弱肉强食的。

小树就在这样的环境中，一天天地活着。终于树叶绿了稠了，个子高了壮了，早先的丑小鸭成了活脱脱的白天鹅。慢慢地谁都愿在这绿荫如盖的大树下乘凉、休息。

而门呢，由于岁月的演绎，上面的红漆早已褪色、脱落，显得破旧不堪，只有无奈地望着那参天大树，暗自神伤⋯⋯

各位看官，可这已经是很久以前的事了。

现如今，主人把大院重新装修了一番，安上了豪华的防盗门。

门前的那棵大树，砍了。守护神是两尊威严的石狮。

■ 赏 析

怎样描写人间的沧桑，世事的变迁？《门》的作者采用象征的手法，通过"门"和"树"这一对矛盾统一体现象的塑造，用冷峻的笔触向读者展示了一幅令人深思的沧桑变迁图。

文章字里行间处处跳动着深刻的哲理：一边是高大威武的大门，一边是孱弱委屈的小树，流逝的岁月使强弱盛衰发生了巨变，正当读者为弱小的一方终于强盛起来而欣喜时，作者又给我们一个情节上的巨大的转折，大大出乎读者的意料。

全文无一句直接点明题旨的话，可传达出来的情结却是深沉地，冷峻的。

■ 野 菊

>> 张四莲

野菊是坦荡的，坦荡得没有一丝矫饰。悄悄地生长，默默地开放，一生劳碌，将芳香还给大地母亲。枯萎了，最后化做尘泥，在春风的吹拂下重温一下灿烂的梦境，从不在意生命的绽放也是一种浩劫、一种牺牲。野菊极能吃苦，从不挑剔环境，只要给它一个位置，便能开出一片辉煌。

野菊是一种燃烧的生命，总是举着高高的旗帜顽强地将自己的生命绽放于荒山野岭。

野菊枝小花微，甚至有点儿瘦骨伶仃，但它们单薄的躯壳里却蕴藏着一个高贵的灵魂，一种奋发向上的生命意识。它们总是选择在万木萧瑟的时候展示自己。这种强大是默默地进行的，任凭风吹雨打，我自花开花谢。

野菊是坦荡的，坦荡得没有一丝矫饰。悄悄地生长，默默地开放，一生劳碌，将芳香还给大地母亲。枯萎了，最后化做尘泥，在春风的吹拂下重温一下灿烂的梦境，从不在意生命的绽放也是一种浩劫、一种牺牲。野菊极能吃苦，从不挑剔环境，只要给它一个位置，便能开出一片辉煌。

野菊的秉性，很合我那些乡亲们的个性，他们贫穷里生、汗水里长，然后又在劳累寂寞中凋零，没有喧哗、没有埋怨、没有遗憾，辛苦一生，有的只是奉献……

人生如菊，或灿然于世或寂寞一生，其实都是一种绽放。古人咏菊，极尽媚辞，却难免都是歌颂家菊的。其实无论是野菊还是家菊，都一样怒放于清秋，一样展示自己的生命，惟一不同的是一个炫耀于庙堂之上，一个寂寞于荒野之中。它们的生命意义原本无异，却有着迥然不同的结局。这究竟是品种的良劣，还是势力的尊卑？

我不知道世人论物为何总要讲究正统和嫡出，野生的不一样是生命？不一样开放得灿烂美丽？不一样舒展得婀娜多姿？我倒认为，正统的不一定瑰丽无比，或嫉恨群芳，或争功邀宠，将一个清清世界朗朗乾坤闹得乌烟瘴气、鸡犬不宁。这样的生命叫人担忧，让人发抖。

世间万物本无贵贱之分。每一次生命的历程都有着它自己的辉煌灿烂，也有着它固有的凄惶潦倒。生命的意义只在于它是否好好珍惜与奉献，而不在于它脚下的土地是否贫贱，它的出身是否卑微。

真希望我的生命如野菊，默默绽放，悄然凋零，纵然寂寞，却也坦荡芬芳。

■ 赏析

野菊之美，是美在一个"野"字上。

作者细致入微地观察了野菊的生长特性，纱小中感知她的"灿烂"，"伶仃"中看到她的"高贵"和"坦荡"，"寂寞"中倾听她向上生长的声音……

接着，作者笔锋一转，联想到"我那些乡亲"和人类"生命的意义"。以物喻人，贴切、得当。最后一句作者又真诚地倾诉了自己的心愿，抒发了自己对人生的真切感悟。——真是绝妙之笔！

■ 美丽人生

>> 谢珊珊

生存或毁灭，痛苦或疾病，即使再残酷的现实生活，也是美丽的。

一个年轻的国王即位了，他渴望了解生活的真谛，于是命令学者们编辑这方面的书籍。二十年后，一队骆驼载着二十部巨著徐徐进入皇宫。"把它们放在图书馆吧，我没有时间读这么长的巨著。"中年国王下了命令。十年后，一匹骆驼带着一部巨著进入皇宫，已步入老年的国王摇摇头："我的时间不多了，这部书还是让后人来研习吧!"又过了五年，一头小毛驴背着一小部书进了皇宫，弥留之际的国王叹息了："我始终也不能省悟生活的真谛。""陛下，"同样老态龙钟的学者答道，"臣已归纳出三句话：他们出生，他们痛苦，他们死亡。"国王在死前终于明白了生活的真谛。

很久以来，我一直同意这个学者的观点，以为生活既苦又不公平。钉在十字架上的基督不就是一脸痛苦吗？中国伟大的诗人屈原，刚直不阿，却过着颠沛流离的生活；文学巨匠曹雪芹，举家食粥，难以度日；意大利著名画家米开朗基罗，受尽宫廷的迫害；法国大文豪雨果，讴歌自由和民主却两次遭到流放……我越发坚信，生活就是受苦。

不经意间，一部《在人间》改变了我对生活的看法。幼年的彼什科夫曲折的经历向我展示了一幅悲惨的景象：父母双亡，11 岁的彼什科夫先后在鞋店、绘图师家、船上、圣像店打杂，每换一个地方，干的都是最脏最累的苦活儿，挨不同人的打骂，甚至两次受伤住院，同时还要看到社会上最最阴暗的角落。可这一切都不能影响彼什科夫的学习，他到处借书，在昏暗的灯光下学习，最后成为俄罗斯革命文学的奠基人——高尔基。但如果仅仅是这些并不能引起我的注意，奋发成长的故事发生在生活的每个角落，我所注意的是他对生活态度。"你不懂生活！"这是高尔基最常听见的一句话。可生活是什么？他执著地找寻问题的答案。他看见的无非是贫穷、疾病、污染、蒙昧，可是他却认为生活是美的，甚至在最最艰苦的环境下，他还是歌颂着书本、外祖母、玛尔戈皇后，以及一切美好的东西。在他乐观天性的感染下，我明白了：生存或毁灭，痛苦或疾病，即使再残酷的现实生活，也是美丽的。

一个小女孩儿，孤零零地住在城外。"你家有几个人啊？"一个过路人问她。

"我家有七个人，两个在城里，两个在国外，两个在墓地里。"

过路人提醒她死去的人不算。

"可是"，小女孩儿不解了，"我们仍是七个呀！"

也许只有她明白生活的真谛。

■ 赏 析

生活的真谛是什么？茫茫人海，大家都在热情的寻找"真善美"，都渴望了解生活的真谛。然而，生活的真谛到底是什么呢？

生活的真谛是错过、是苦难、是奋斗、是笑声欢语。"生活不公，生活就是受罪"，这是何等浅肤的认识，何等无聊的逆言！"你不懂生活！"高尔基一句朴素的话语让人震惊、让人觉悟。生活是多彩的，人生也是美丽的。抬头看看天空中的飞霞，你有没有感到自己的神圣。

读生活是一种快乐，"我家有七个人"，"其中两个在墓地里"那扎着羊角辫的小女孩为何能如此相信生活？因为，她明白生活的真谛是什么……

■ 写给朋友

>> 刘 磊

空虚的梦是幽灵的世界，可以让人的激情冰封，冷月不是友伴，阳光才可以同行。朋友，我们年轻哪，年轻的我们应该拥有一腔"壮士一去不复返"的豪情，用"咬定青山不放松"的信念追逐青春拼搏的梦，忘记昨天，忘记伤痛……

你孤独的身影把我热情的心冰冻，你冷漠的神情让我看了心痛。你呀！来去匆匆，你发丝的末梢却有着难湮没的心情。朋友，告诉我吧，别再独自咀嚼伤痛。

其实，我也有一份心情。面对混乱的夜，冷清的月照乱了青春的梦，而今，划过心湖的一叶小舟，使我突然觉醒：空虚的梦是幽灵的世界，可以让人的激情冰封，冷月不是友伴，阳光才可以同行。朋友，我们年轻哪，年轻的我们应该拥有一腔"壮士一去不复返"的豪情，用"咬定青山不放松"的信念追逐青春拼搏的梦，忘记昨天，忘记伤痛……

朋友，千万别让尘沙迷了你的明眸，千万别被灰土粘住飞翔的梦。请用信念燃烧昨日的痛，用梦想拂去杂乱骚动的浮躁心情，只因为未来不是梦，没有谁可以随随便便成功！

朋友呵，风雨中的大门已裂开缝，请窥视里面高大的青松，你有没有感动？撷集芬香的花朵，迎着漆黑的夜空，你有没有惊恐？难道你不坚信黑夜之后是黎明？难道你不为高立着的松激动？难道你读不透自己幼稚的心空已升起了彩虹？

我的朋友，我怎么也不愿你坠入夜空！

朋友，请把凌乱的脚步收拢，请把紧锁的双眉松一松，请把旧心情抛扔，请让你青春的热情活动于蓝天白云之下……

朋友，我的朋友，看，前方就是成功！

■ 赏 析

朋友，你又一次徘徊于铺满落叶的小径，脸上满是漠然的表情。我遥遥的望着，心中满是伤痛……

朋友，为何你要固守孤清？失败算得了什么，你还很年轻；嘲讽算得了什么，只要心中有梦。你知道，风雨之后才会有彩虹，激流过后方见真英雄。红梅在冰雪中才见傲骨英风，金菊淡妆临霜方显宁远高清，你可以像它们一样飞扬人生！

如果说月亮是你的象征，也无需自哀自怜，因为你照亮了夜空，你绝美的姿容同样让人心动！请用行动将青春写意成岸边的青松，用信心点亮命运的明灯！

淡泊人生

■ 雪 夜

>> 徐 岩

德是高的，心是诚的，爱是纯的，心便会永远是绿色的。

雪，从远山的尽头舞过来；风，这时不很硬，一大片一大片玉一般的雪，落在师的身上，只一瞬间，师的整个人和山谷便都白了。

这已是黄昏时分，雪的光辉让人想不到暗夜即来临。师将肩上的枪换了个姿势，继续向前走着，他要看看辖区内的最后一块界碑；以前每次巡逻都是两个人一组，可现在不行了，这个季节哨卡里兵员少，老兵返乡，新兵伢子正集中训练，一个人得顶一天的岗哦。师极艰难地在雪窝里走着，除了一副脚板很热，周身冷得不行。师想起那场火，那是师在刚来哨卡的时候，驻地附近的一个寨子起火了，班长领着他们4个人同寨子里的人奋战了一个多小时，才将火扑灭。师很勇敢地从火中背出来一位老人，还羞涩地抱出来一个女孩子，虽然女孩被烟呛得昏迷不醒，师当时还是从女孩那软软的身体上感觉到了一种从未有过的眩晕。师每每想起来便脸红心跳，那场火一直在师的心里，很温暖。后来师知道那个叫叶的女孩是鄂伦春族族长的千金，以至于性格刚烈、豪放的族长总是将一坛坛的米酒和大块大块的獐狍野猪肉送到哨卡。

天空渐渐暗下来的时候，师终于走到了第5块界碑前。师用手抹去额头上的汗珠，便赶紧用棉手套拍打界碑上的雪，昏暗中"中国"两个鲜红的大字跃入师的眼帘。师周身的血禁不住涌动起来，他想起远方的家园，想起山下鄂伦春人温暖的乌力楞，想起那个极美丽的叶，界碑真的能使人感到天地的辽阔，并让人高大起来。师清理完界碑上的积雪，看看腕上的手表，时针已指向了 16 时零 9 分，这会儿该是哨卡开饭的时间了吧。今天是除夕，餐桌上一定很丰盛的。师想到这儿，肠胃便不安起来，走了近一天的路，十几块压缩饼干早已弹尽粮绝。师俯下身抓了一团雪塞进口里，无味且凉。师开始往回返了。

天又暗下来一些，有雪的反照，路还很分明，只是雪越下越大了，师一步步地往前挪着，膝关节疼痛难忍，在哨卡里得的这病从未这么厉害哦。师走到第 3 块界碑的时候，感到真的力不从心了。师头上满是汗水，倚着界碑坐下来。师是副班长，副班长在哨卡是二头，今天是小顺子的班，赶上过年，班长便和师都争着替小顺子上岗。师一边说班长该在哨卡里张罗过节，一边抢着出来了，班长还特意嘱咐师早点回，大家等着他吃年饭；师这时想，弟兄们一定很失望的，他禁不住在雪地上砸了几拳，这该死的风雪。冥冥中师便睡着了。

雪越来越大，它们为师裹上了一层厚厚的绒，当班长和小顺子及时找到师时，雪已停下来，几个人忙活了好一会儿，才将师弄醒。师的手怎么也握不住班长的手，他气如游丝般吐出一个字：枪。然后便将目光停留在自己的胸前。班长赶紧解开师的军衣，棉袄里贴胸卧着那支折叠式的冲锋枪。班长的泪水再也控制不住了，他抓起枪，将一梭子子弹射向了茫茫的天空。那有如雷霆般的脆响，立刻便将山脚下零零星星的爆竹声淹没了。早已泪流满面的小顺子，紧紧地捂着师的手说，副班长，我们回去吃年饭吧。

雪雾中，班长背着师，三个银白身影向山下奔去，他们身后那些深且实的脚印，在雪野中极鲜明，极耀眼。

■ 赏 析

"5 块界碑"是 5 条生命的长线，它们映照着师的生命履历——一个中国军人的生命履历！在茫茫雪原之上，寒意已经消退，我们看见一团火，一团烈烈燃烧的圣火，跳动着，舞蹈着，点缀在中国的边境线上。那雪，那山，那界碑，那身影，那脚印，都显得多么鲜明，多么耀眼。

这白茫茫的雪夜，是否也点燃了你心头久已熄灭的火焰？

种一片树叶

>> 张　鹏

　　和成年人在一起，大家学习的是对方的冷漠、世故和虚伪；和孩子们在一起，感染的是他们的热情、诚实和纯真。但人生旅程中，人们的确应经常用"童心"这面镜子，来审视一下自己日渐风化了的心灵。

　　埋下一片树叶，固执地相信它终会长成一棵参天大树。这便是儿时最美丽的梦。

　　我4岁那年的秋天，枯黄的叶子从高高的树枝上飘落，正在院中玩耍的我俯身拾起一片，觉得很美。玩赏了半天，我忽发了一个奇怪的想法：这个曾经是树伯伯身上一分子的叶，把它种进土里之后，必定可以长出一棵同样的大树！

　　于是我捡了许多片叶子，虔诚地跪在地上挖了个小坑，把树叶全埋到了土里。就像妈妈生下了我，我也会渐渐长大一样，我坚定地相信我的梦马上可以实现。

　　我天天蹲在种下树叶的地方等待我的大树，直到大雪纷飞。我想叶子大概怕冷，所以不敢出来，等明年开春，一定会长得更好！我依旧固执地坚守着自己的梦，直到燕子衔泥，杨柳吐芽……

　　长大后，我才明白我用童心为自己编织了一个很美的童话。那些埋在土里的树叶，却已在我心中长成了一棵大树，成为我生命的一根支柱，替我遮挡着成长路上越来越多的风风雨雨，为我撑起一片蔚蓝的天空。那件事，我会为之自豪一辈子……

　　记得有人这样说过：和成年人在一起，大家学习的是对方的冷漠、世故和虚伪；和孩子们在一起，感染的是他们的热情、诚实和纯真。话虽有些偏颇，但人生旅程中，人们的确应经常用"童心"这面镜子，来审视一下自己日渐风化了的心灵。孩童时那种天真无邪，那种幼稚可笑的一举一动，那双清澈透明、不掺一丝杂质的眼睛，不正被我们当做"幼稚"而随手抛弃了吗？人每走一步都会从身上遗落一些东西，而往往被人随意丢掉的也是最最珍贵的，是那颗晶莹剔透的童心。

■ 赏 析

环顾我们的四周，"那幼稚可笑的"举动，"那双清澈透明、不掺一丝杂质的眼睛"，都到哪里去了？

"最珍贵"的"童心"泯灭了，接踵而来的，是"冷漠、世故和虚伪"，激情和幻想被无情地戕害了。人类在逐渐成长的过程中，随意丢掉了那么多"晶莹剔透的童心"和美德。——可悲的人类！可悲的自我的迷失和沦丧！

你是否"经常用童心这面镜子"照亮自己的眼睛？你是否"依旧固执地坚守着自己的梦"呢？

■ 生活的佛声

>> 廖洪武

生活对于那些放弃了搏击的羽翼的人永远是冷酷的地狱。而另一些人却是在炼狱，在寻求光明的亮点，在谛听佛声。

佛语中有一句：麻雀就是今天早晨的佛声。

试想，在一个烦恼的蛛丝仍在悬游的清晨，你发妆不整地木立窗前，茫然面对新的一天：窗外鸟声明嗷，新芽吐着嫩绿。晨雾中，一只麻雀栖在枝头，苍褐的羽毛显得有几许零乱，你可以想象它刚经受了一场风雨的打击，或者，一场疲于奔命的迁飞。总之，是命运使它一身风土地栖在了你窗前。它开始用尖利的嘴梳理羽毛，从羽根到羽尾，一丝不苟，直到它乌黑的羽翼在晨光中闪出一种异样的光泽。

此情此景，即是自然给予我们的一句不可言传的短谒。它像晨光和远寺的钟声穿越晨雾，澄明了我们心中的尘埃。

高中时我蜗居在一条旧陋的小巷。有个邻居叫老杨，腿微跛，以卖豆腐维持一家5口的生计。每天约摸4点钟，梦境里就传来隔壁"沙沙"的磨声和老杨偶尔的咳嗽声，接着就是嘈杂的灌浆冲浆声。在天色微亮中，老杨家破旧的门"吱"的一声开了，"卖－豆－腐－哎！"的吆喝便在小巷飘开。这声声吆喝，渐渐成了我起床朗读英语的号令。

老杨的豆腐并不是每次都能卖完，然而他总是微微笑着。寒暑易节，老杨每天都忠于自己的工作，丝毫没有抱怨。如果说一只麻雀是一个早晨的佛声，那么，朴实的老杨该是我千百个早晨的佛声了。

生活对于那些放弃了搏击的羽翼的人永远是冷酷的地狱。而另一些人却是在炼狱，在寻求光明的亮点，在谛听佛声。樵夫的山歌，船夫的号子，这些环绕在我们身边昂扬的声音，永远是一种奋斗的鞭策，在开悟我们消沉的心灵。

■ 赏 析

一只小小的麻雀，在经历磨难之后，又静静地栖落于早晨的枝头，啾啾地鸣叫着，重新布置新的生活和爱情。还有，那老杨头儿卖豆腐的声声吆喝，还有，"樵夫的山歌，船夫的号子"……一声声，一遍遍，"开悟我们消沉的心灵"。

这昂扬的声音，是激越的号角；这昂扬的声音，是"奋斗的鞭策"！

生活无时不需要一种激情，倘若你有了这种激情，还有什么困难能够消磨你的生命呢？

■ 古 井

>> 尤 今

才美不外露，已属难能可贵；大智若愚，更是难上加难。

有一类人，像古井。

表面上看起来，是一圈死水，静静的，不管风来不来，它都不起波澜。路人走过时，都不会多看它一眼。可是，有一天，你渴了，你站在那儿掏水来喝，这才惊异地发现，那口井，竟是那么的深，深不可测；掏上来的水，竟是那么清，清可见底；而那井水的味道，甜美得让你魂儿出窍。

才美不外露，已属难能可贵；大智若愚，更是难上加难。

世人都迫不及待地把自己所拥有的抖出来让人看。肚里有一分的，说自己有两分，有两分的呢，说自己有三分，余此类推。

"有麝自然香"已变成了惹人发噱的"天方夜谭"。"无麝放假香"，才是处世真理。

正因为这样，一旦发现了古井，便好似掘到了金山银库，有难以置信的惊喜——以为它平而浅，实则它深又深，上至天文，下至地理，无所不知，知而不言。你掏了又掏，依然掏之不尽。每回掏出来的话语，都闪着智慧的亮光。你从中得到了宝贵的启示，你对人生有了更坚定的信念。

这口古井，不肯、也不会居功，它静静伫立，看你变化、看你成长。你若有成就，它乐在其中而不形诸于外。

古井，可遇而不可求。一旦遇上，是你的造化。

■ 赏 析

你独具慧眼地发现了一处古井，一处平常不引人注意、关键时刻给人出奇之美的古井，一处"才美不外露""不肯、也不会居功"的古井。这古井就是一个绝好的物象，它出演了一个替作者言情寄意的角色。"捕捉"可谓妙矣！

这口古井寻常静如一圈死水，不会被路人多看上一眼，这是"抑"；后来路人为解口渴，才发现了它，它的深邃、它的清澈、它的甜美，也才为世人所惊异，这是"扬"。一抑一扬，文章结构于是呈现出摇曳生姿的面貌，文章主旨也在"抑扬"间熠熠生辉了。这还不够。作者又成功地用上了对比映衬。某些世人迫不及待地"出售"自己，加上轻浮的包装，而古井一样的智者给人的惊喜是"掏之不尽""闪着亮光"的。

■ 家　徽

>> 胡晨钟

当你终于懂得：一种结束，便是一种开始时，春就会永驻你的心间了。

国有国徽，校有校徽，厂有厂徽，奇怪吗？我家竟有家徽。我们家的家徽是一条鱼，一条画在门板上的鱼。那条鱼画得很笨拙，线条零乱而粗糙，只能让人意会到是条鱼而已。这图案对于本地油漆名匠的我们家极不相宜，到了我进省美术学院学习后，简直不能容忍这粗劣的艺术造型的存在，并且还堂而皇之地作为家徽的图案。

这天我调好一桶莘荠色油漆，决心要将门板油漆一新，再在上面重新勾画出新的家徽，就在我提着刷子构思着家徽图案时，父亲来了。

"你干什么？"父亲语音甚为沉闷。

"干什么，重新画一幅好的家徽呗。"我漫不经心地拿起了刷子。

"等等，让我跟你讲讲这条鱼的来历。"父亲深深吸了口气，点着了烟，我多次企求探讨的家徽的秘密就这样轻而易举地向我敞开了。

祖父在世时，膝下有父亲他们弟兄四个，个个都是身高马大的男子汉。民国初年，战乱频繁，家庭仗着几个男人下死力气勉强维持着温饱。

一天夜半，父亲起来小解，发现一条人影窜进了厨房，他便喊叫起来，同时马上守住厨房门口。不一会儿，父亲弟兄几个都起来了，他们点着灯，拿着大木棒子和斧头，仔细地搜索着厨房的每一个角落，那时粮食就是性命，大家决心不把这窃贼打死，也得让他残废，厨房的旮旮旯旯都搜遍了，却没发现人。父亲弟兄几个说父亲定是半夜眼花，父亲赌咒发誓说肯定有人，还在争辩时祖父来了，他让儿子们都去睡觉。等他们兄弟走了后，祖父走到水缸边，敲敲盖子，说："你不用躲了，出来吧。"只见这时水缸里水淋淋地站起一个人来，这人一手擎着水缸木盖，浑身颤抖，面无人色，另一只手里，还攥着一布袋大米哩。

祖父望着窃贼，叹口气说："算了，你走吧，要是让我的儿子们看见了，你今天非得残废不可。"

贼傻望着祖父，他不敢相信祖父就这样轻易地让他走，但祖父分明是平静地挥了挥手，贼便从水缸里爬出来，祖父又把那水淋淋的米袋子交给他说："带上吧，它可帮你家度几天日子。"贼要说什么，却眼眶红了，低着头，提着米袋子往外走，走到门口，"慢着，"祖父又叫住他，塞给他一串铜钱："你拿这钱去做个小生意，再也不要干这伤天害理的勾当了。"

贼"扑通"一声跪在地上，给祖父磕了几个响头，便走了。

不知过了多久，一天清晨，祖父一开门，便在门环上发现了一条两斤多的鲜鱼，祖父先是感到奇怪，但马上他领悟到是那贼送来的，那人大约是做了贩鱼的生意。

自此以后，我家门环上经常出现鲜鱼，家里便经常可以改善生活。父亲他们感到奇怪，祖父舒缓地向父亲弟兄们讲起鱼的来历。

大约吃了几十条鱼后，祖父感到不安，说人家是小本经营，别吃垮了人家。于是连着几天半夜候着，一直熬了三个夜，终于让祖父遇见了那送鱼人，谁知不是那个贼，却是一个年轻渔人。这渔人是那贼的儿子，贼在临终前嘱咐他要坚持送鱼到我家来。祖父和父亲他们听得连连点头。为了不违亡人遗愿，祖父拿过一把刀子，让年轻人在我家门上刻一条鱼，并说从此不许他再送鱼，就用这条刻下的鱼替代好了。

于是，我们家按照祖父的意思，每次做屋或换门时，都保留这条鱼的图案。它，自然而然地成了家徽。

我放下了油漆刷，久久凝望着这条刀刻的鱼。

■ 赏 析

　　《三字经》里说"人之初，性本善"。从生物竞争的角度讲，我并不完全赞成"性善"说，但我赞成"与人为善"。俗话说，善有善报。《家徽》就是一种善的象征，既有善的昭示，又有善的结晶。作品中的"祖父"，就是一个高扬善良大旗的形象，是中国人民传统美德的具体生动的代表，体现者、实施者。没有他的善心与善举，就不会有"贼"的感激、悔改与报恩，即所谓的"善有善报"。

蒲公英

>> 赵 伟

生命又不仅仅是我们自己的，她盈满人间的热望也装满前辈的嘱托。

弟默默地跟在我的身后。

大路的两边长着许多小黄花儿，在烈日下鲜艳地开着。小小的草们也都独自默默地活着。

我说："弟，你回吧。"

弟还是默默地跟在我的身后。

弟的影子和我的影子撒落在那路边的黄花儿和小草上——

哥，这花儿结什么果？

不结果，花凋了上面长出一朵蒲公英。

哥，什么是蒲公英？

弟，你看，这就是——我使劲一吹，手中的蒲公英被吹成许许多多的小伞，在空中飘飘摇摇地飞扬。弟在风中笑着追那些小伞跑呀跑呀。风中传来一个声音：冬——带弟回来吃饭了……弟停下来，说："哥，妈妈在喊我们了。"

一晃，过了四年。

我说："弟，你回吧。"

弟依然默默地跟在我的身后。

河滩上的水声嚯嚯响着，比三年前更加显耳。父亲常穿一双草鞋，踩在沙滩的水中撒网捕鱼。父亲说他跟爷爷学踩在滩上打鱼时，这滩水就一直这样响着。三年前，跟在我背后送我的有父亲，有母亲。路没有变，水声没有变，如今跟在我身后的只有弟，14 岁的弟。

我说："弟，你回吧。"

弟停下来。我说:"你有什么话,你就跟我说。"

弟沉默了许久,轻轻地说:"哥……妈妈这一年害病,没人给我做鞋……你……回部队去……把你穿剩下的胶鞋……给我……寄一双……"

我跪在弟的面前抱着弟,我说:"弟……"那大路、阳光、小黄花儿和小草们,在我眼里漂浮起来,蒲公英被风吹散,许多小伞在空中飘飘摇摇飞向山湾坟园里妈妈的新坟上。

我脱下我脚下的胶鞋,给弟穿上。弟把胶鞋又脱下拿在手里,他说等到了冬天才穿。

我说:"弟,你回吧?"

弟说:"哥,我回了。"

我和弟的赤脚在大路上响起清脆的声音。我看见千万的小黄花儿和小草们在太阳下蓬勃地活着。

■ 赏 析

小花小草的生命力最强,你看,起风的时候,漫山遍野的蒲公英被风吹成无数把小伞,随便飘飞到哪里都能生根开花,在太阳下蓬勃地活着。那么,人呢? 我们千千万万个像小草一样普通的农家子弟呢?

尽管人生之路坎坷曲折,风雨雷霆,但我们只要具有了小草精神,我们就会随处而生,随遇而安,就会开出绚丽的人生之花,结出硕大的人生之果。

■ 听到最后

>> 薛 涛

知道了母亲的贫穷，你会更爱母亲，知道了母亲的艰难，你会为母亲分忧。

大三那年我和现代文学教授的女儿好上了。本来挺顺利的，可有一天她告诉我说，我们不能再好下去了。因为她爸爸已发誓想给她找一个能够继承他学术成果的小伙子，可我只喜欢足球和闲逛，就是将来领进家门，教授那里也通不过。

"老头子脾气很犟，当年连'四人帮'都没拗过他。"她补充道。

我傻站在甬路上。她什么时候离开的我都没注意。这事对我打击太大。

我清醒之后是愤怒。我发誓当面质问一下这老头子：那些学术成果能值几个臭钱，又要拉上他女婿浪费宝贵青春……

那天下午恰好有现代文学讲座，恰好是那老头子主讲。我挑个角落坐好，因为情绪不佳并且过于激动，我谁也没理，单等讲座一结束就在走廊里截住他。

听讲的人像碟子里的茴香豆历历可数。

讲的是陈独秀、胡适们。讲得眉飞色舞，好像在描述一场球赛中最精彩的一个射门。

讲座进行 10 分钟时呼地走了四分之一，像经过密谋一样。我一算时间，多半是抢开水去了，正是水房供开水的时间。这场面挺动人。我打了个手响儿。可我们的现代文学教授居然像个视力不佳的将军。眼看自己的手下都当了逃兵，他还挥着战刀指挥进攻。他继续他的讲座，像什么都没发生一样，还不时给下面提几个问题。当然响应比较冷淡，多半是自问自答自斟自饮了。而我们可爱的现代文学教授居然表现得也很愉快，还即兴搞了几个不太卖笑的幽默。讲座进行到半小时，整个阶梯教室已经相当冷清了。是一场球赛在跟现代文学的大师们争"市场"。不过我个人的看法是欣赏一下知识分子的尴尬也不比看球赛差，就坐着没动。我一定等到讲座结束然后像记者一样问问他今天感想如何。

我眯眼睛扫了一下整个教室，一共还有 12 个信徒在捧场。

……

离讲座结束还有 10 分钟时教授停下不讲了。因为又有两个人离开了教室。这时教授异常激动。他从讲台上下来，直向我走来了。我有点手足无措。

我正准备"采访"一下他时，我的手已经被他握住了。

"你是今天唯一听到最后的学生。"教授扶了扶镜架，他的手在颤抖。我张望一下教室。原来偌大的教室只剩下我和教授了。

"现在离讲座结束还有几分钟，我必须讲完。你要记住，文学的价值并不在于它多么热闹，而是在于只要人类一天不灭亡，就总要有人追随它。你就是其中一个，我也是一个!"教授又开始讲课，直到结束。然后他挺了挺胸膛对整个空荡荡的教室说："结束!"

那天，我的灵魂被一种坚硬的东西击打了一下，以至于那一夜我都没睡好。第二天早上我又遇见教授女儿了，她说他爸爸已经为她物色好人选了，一桩悲惨的包办婚姻就要降临到她头上。

一年后我毕业，顺利娶了教授女儿做妻子，不久还鬼使神差考上了研究生，而且研究现代文学，导师就是我的岳父大人。

■ 赏 析

如果要在文学和足球之间选择其一的话，我猜想大多数的年轻人会选择后者，因为文学对于年轻张扬的生命来讲，实在是太过于寂寞了。这是九十年代整个中国社会普遍存在的一种现象。

生活在城市之中，周围遍布着欲望的陷阱。每当夜幕降临，华灯初上，也正是到了一个城市最为繁华喧闹的时候，闪耀的霓虹灯下，供人消遣娱乐的场所比比皆是，歌厅、舞厅、桑拿、美容、保龄球、咖啡屋……种种声色享受引诱着红尘中的凡夫俗子，让人沉溺其中、快乐人生，有几个人能抗拒这些物质享受的诱惑，关门闭户、于一豆灯光下读钱钟书、《红楼梦》？

然而，文学伴随着人类社会发展至今，始终没有消亡，也正是"文学的价值并不在于它多么热闹，而是在于只要人类一天不灭亡，就总要有人追随它。"它是人类永远的精神和梦想的伊甸园。当夜色阑珊、伊人远去，独自一人半卧于床头，读一篇小说或是一页散文，自会感到心沉气静、荣辱皆忘。

如果你是一个平凡之人，你不能或是不愿去追随金钱名利的话，那么我告诉你，你就去追随文学！

■ 做一个有弹性的人

>> 曹正文

所谓弹性，就是能屈能伸，刚硬粗大的树枝易于折断，而细柔的藤条却不脆弱，因其坚韧，才使它充满活力。在某些场合，如在大是大非上，我们应该象坚硬的树干一样刚直不阿。但在一些细小的问题上，我们又必须象细柔的藤条一样显示它的灵活性与多变性。

在我的社交生活中，我一直认为自己在理智地选择朋友。我最不屑于与那些虚伪做作，口是心非的人攀谈。

但我后来碰到一件事，使我面临困惑。一次我去外地参加一个笔会，有一位作者为人坦荡，性格豪爽，说一不二，认准一个方向决不回头。这自然是一个我可以结交的朋友。但几天相处，大家都感到与他在一起很尴尬。比如他坦荡得无所拘束，什么粗话都说得出口；豪爽得不拘小节，把没洗过的脚搁在桌面上；与他交谈，从来没有商量妥协的余地。他说话办事不看场合，不理解对方的难处，一句话就可以把对方说得跳起来。后来，众人只能对他敬而远之，远而避之。

我为此困惑！我们不是一直提倡真诚坦率吗？为什么对这位朋友的言行举止有无法相处之感呢？

后来，我才渐渐想明白了。真诚坦率是指一个人本质的内涵，在具体问题上，我们应该有弹性。

台湾作家三毛说得好："诗人中我最欣赏陶渊明，这个人不为五斗米折腰，是个了不起的人。多淡泊！"但陶渊明不为五斗米折腰，因为他家里还有人替他种田，让他悠然望南山。这个"不折"，也是有条件的一种洒脱，这一段话很可以为我们如何理解为人处世提供借鉴。

青年人崇拜潇洒，热爱真诚，这是值得鼓励的。但潇洒与真诚都是有条件的，没有一定的物质条件，就不可以潇洒，陶渊明没有人为他种田烧饭，他饿了三天三夜，还有力气去采菊花吗？还有兴致去看南山吗？真诚，同样有前提，我们对朋友可说真话，直露腑肺，倾心交谈，但并不是对一切人，而且说真话也要看场合。

再说那位作者，他无疑把真诚坦荡的内涵曲解了。他认为真诚就是想到什么说什么，想到什么做什么，把臭脚搁在桌子上与人聊天，自然不会让人感受到美妙的享受。由此可见，具有理性的文明人应该在性格上具有一定的弹性。所谓弹性，就是能屈能伸，刚硬粗大的树枝易于折断，而细柔的藤条却不脆弱，因其坚韧，才使它充满活力，在某些场合，如在大是大非上，我们应该象坚硬的树干一样刚直不阿。但在一些细小的问题上，我们又必须象细柔的藤条一样显示它的灵活性与多变性。

古往今来的成大业者，都具有一种弹性性格。东汉光武帝刘秀在夺取天下之前，他一度被困，哥哥刘寅被杀，他在这关键时刻沉着不乱，采取了一个灵活政策，与更始帝周旋因而赢得时机，完成统一大业。

对于青年人来说，在成长的旅程中，很重要的一课是学会忍耐。因为青年人面对社会、生活、学业与选择朋友，都会碰到烦恼、忧愁、困苦，以及挫折和别人的不理解。这一切令人感到困惑。如果做人弹性不足，就会被巨大的压力压垮，由于精神上承受不了，内心世界必定混乱，久而久之而失去进取心。因此，青年人培养自己刻苦忍耐的弹性精神，甚为重要。

当然，弹性是有限度的，这个限度就是不违背做人的正直品德。超过了这个限度，就会丧失人品。人类要生存，要进取，就不能随心所欲，就要懂得和认识世界的复杂性。只有不断地锤炼自己的性格，不断地认识自我和适应环境，才能做出有益于朋友，有益于社会的事情，并成为大家欢迎的人。

■ 赏　析

本文告诉人们：怎样直面一个纷繁复杂的世界；怎样同形形色色的人物相处。答案就是：灵活多变，刚柔并济，即做一个有弹性的人。

古语曰：水至清则无鱼，人至纯则无友。物有弹性，坚韧永存，挑战风雨，人有弹性，则能屈能伸，化险为夷。

在"不违背做人的正直品德"的同时，保持一种有限的弹性，你就会获取精神上的愉悦、事业上的成功。

■ 清 梦

>> 肖 苗

清月洒布衣，涉过温暖的日子，临水静静地走出尘世。听水看云，与世无争，一生的清闲永远停驻飘泊的鞋子。走进自己的庄野，粉蝶纷飞，烟波轻敛，以物寄情，以文抒怀，一生的清贫在田园生活中悄然怒放喜悦之花，临风而赋诗，登高而放歌，清晨而孤往，日落而独归，自己收获自己一生中最大的快慰。

捧古书背对黄昏的那个日子，夜夜苦读的姿势是一尊古老的封建风景，路过明朝，我随手拾起位举子遗落的笑，填上半阕残缺的词，挽起长袍于长安古道扬长而去。

叶落，叶落无声。曾经飘逝的泪花又在何处开成士子清瘦的怨恨。鸡啼半夜，进京赶考的背影又牵起十年寒窗的史话。无人知，无人知；天下晓，天下晓。士子，永远在梦中清醒地咏读《四书》、咏读《五经》。咳血的喉结吐吞一生的前程。

踩山沟清冽的月色，去山庄看冷落的风景。孤鸿哀鸣，谁依旧坐在功名利禄中独自沉醉，狂奔而向古老的京城？"黄金榜上，偶失龙头望……才子词人，自是白衣卿相"。阡陌市井，一代雄才浪迹江湖，那泛黄的线装古籍，还躺在士子清幽的梦中，夜夜的顾盼荡满一生的风雨，走入颓废的庙宇，士子，你苦苦的祈祷就能改变此生的命运么？

倘能从我游乎？清月洒布衣，涉过温暖的日子，临水静静地走出尘世。听水看云，与世无争，一生的清闲永远停驻飘泊的鞋子。走进自己的庄野，粉蝶纷飞，烟波轻敛，以物寄情，以文抒怀，一生的清贫在田园生活中悄然怒放喜悦之花，临风而赋诗，登高而放歌，清晨而孤往，日落而独归，自己收获自己一生中最大的快慰。

士子,放开胸中的苦闷吧!今夜水在徘徊。士子,松手吧!那黯然即逝的功名!灯光荧荧,士子,别再做清寒的梦了。

谁又在风中独自啜泣?前已无古人,后也无来者,何必一个人沧然而泣下?黄卷枯灯,悬梁刺股,整整两千年的悲哀。多少次了,还不肯放弃那半线希望,还是夜夜熬到天亮。名啊!利啊!你们这永远的精灵,还要牵着那清瘦的背影走入颓废深处?

天又亮了,那摇曳飞升的幻梦随晨雾缓缓而上,士子,你那双瘦骨嶙峋的手能把它抓住吗?

■ 赏 析

士子,穿越历史厚重的尘埃,你清瘦如柴的身影依旧在伴着那烛灯火夜行,看得见你飘飞的银丝,看得见你"苦苦的行褥",士子,你在功名利禄面前,丢掉了自己清幽宁静的梦,让生命在"飘逝的泪花"中枯干,让"咳血的喉结吐吞一生的前程"。

为什么还不从那梦中苏醒?为什么不自己种植一生中最大的快慰?为什么不丢弃那些"黯然即逝的功名"?

士子啊,看看前面,还有没有你的影子?

■ 人生随想

>> 佚 名

没有忍耐心，一切都是一句空话。勇敢如果没有忍耐心会使人夭折；雄心如果没有耐心会毁掉有希望的前程；求富如果没有耐心只会落得人财两空；而坚韧如果没有耐心则根本就是瞎谈。

努力工作

你不可能一天到晚吃喝玩乐。工作是你的朋友而不是你的敌人。如果真要禁止你干活，你会跪着求人赐死。

你可以不喜欢自己的工作，就是国王也梦想换个职业，但你必须干活。问题不是你干什么，而是你怎么干，这对你的一生至关重要。没有哪个不关心自己工作的人筑得成一座理想的宫殿。

工作，你情愿干也罢，不情愿干也罢，像人一样干也罢，像牛马一样干也罢，只要干了就会有所收获。没有什么是人不能干的。努力工作，努力完成别人交给你的任务，自然会有奖赏的。

必须明白：成功之路只有一条，那就是努力工作。倘若你想投机取巧，等待你的只是一生的平庸和贫穷。不要介意别人的讥讽和不解，说你的努力是得不偿失也没关系。付出得少，得到的必定也少。

千万不要灰心丧气。哪怕是在替别人卖力气，也要表现出一副走运的样子。就像是在为自己干活而别人还付你工资。尽力去干吧，现在播下的种子，日后定会开花结果。

要有耐心

人生在世，越有耐心，越得益。伟大的成就无一不是耐劳和等待的结晶。

生活不是速度竞赛，只要你脚踏实地、一步一个脚印前进，没有哪条路是走不到头的。要像避瘟疫一样避开追名逐利的念头。

耐劳是苦涩的，但它的果实是甜蜜的。能耐劳就能摆脱一切厄运，战胜一切困难；能够耐劳就能掌握自己的命运，达到自己的目的。

有耐心对你和对必须跟你一起生活的人来说，是一把满足的钥匙。

没有忍耐心，一切都是一句空话。勇敢如果没有忍耐心会使人夭折；雄心如果没有耐心会毁掉有希望的前程；求富如果没有耐心只会落得人财两空；而坚韧如果没有耐心则根本就是瞎谈。

耐心是一种力量，用它磨炼心志，陶冶性情，抑制火气，消除嫉妒，防止骄傲，管住舌头，束住双手，在适当的时候，就能得到应得的报酬。

明确方向

不努力工作不会成功，不学会耐劳也不会成功。但有些人工作勤勉，吃苦耐劳，照样一生碌碌无为。关键是没有明确方向，没有确定自己的奋斗目标。

没有前进的方向，船儿不会起锚出航；没有克敌的方案，军队不会出征作战；没有结果的希望，橄榄树花甚至也不会开放。

很难设想生活没有目标，成功有何指望。

你是参加角逐的选手吗？进场干吧，不会吃亏的。赢了捧走胜利的金杯；输了也能吸取有益的教训。今天失败正预示着明天的成功。

你想追求什么？是土地、财富、权力、地位，还是可爱的家庭、宁静的心境？想好了再做决定。一旦确定就要铭记在心，为之奋斗终身。要明白，即使这样也未必就行，因为生活是不公平的，不是所有目标明确、能够吃苦耐劳、具有耐心的人都能获得成功，倘若这三者还缺其一二，那么失败是肯定无疑的了。

抓住每一个成功机会，即便会失败，也要干了再说。

预防不备

没有什么是一成不变的。生活就像自然，有阳春，也有金秋，有酷夏，也有寒冬，走运和倒霉都不可能持续很久。

对于突然情况，如果没有充分的思想准备，那么厄运就会像大海的波涛一样，在你生活的海岸上忽起忽落拍打不绝。相应地，高潮和低潮、日出和日落、富有和贫穷、快乐和失望，都将应运而生。

做好最坏的准备。别羡慕那春风得意的天之骄子。他们往往是脆弱的，一旦面临灾祸，就会束手无策，彻底崩溃。也别学那些倒霉背时的可怜家伙。他们一遇到挫折就不能自拔，常常沉溺于悲哀，一错再错，在眼看就要柳暗花明之际，自己躺倒不干了。注意坚持不懈，别学他们的样儿。

要永远坚信一点：一切都会变的。无论身受多大创伤，心情多么沉重，一贫如洗也好，没人理解也好，都要坚持住。太阳落了还会升起，不幸的日子总有尽头，过去是这样，将来也是这样。

因此，没有什么是永恒的，但上述的忠告却是值得珍惜的。它比你的财富和健康都更经得起时间的考验。

笑迎厄运

即知道厄运不长是不够的，因为在你耐心等着好运降临的时候，厄运和失败就能把你毁掉，对付它们只有一个办法：张开双臂，欢迎它们。

这听起来没有什么逻辑和常理，比较难以理解，也比较难以掌握。

但倘若我们擦干泪眼，撇开不幸，就不难发现：磨炼意志、学习技能最好的帮手往往是自己的敌人。

厄运是你生活中的阴雨，冰冷、无情、令人难受，但它滋润着百合、玫瑰、椰枣和石榴。谁知道你经历了火烤冰冻的磨难之后会取得什么样的成就？风暴之后就是沙漠也会开花。

厄运同样也是你最伟大的老师。你在成功中几乎什么也学不到。但在失意痛苦和失败中却能获得无尽的知识，因为只有在那时，你才能认清自己，对自己做出正确的估价。要知道谁是你真正的朋友，最好的时机就是在你落难的时候。

■ 赏 析

　　既然来到世上，就要活出个模样，不斤斤计较，不张扬、癫狂，"只要干了就会有所收获"，"自然会有奖赏"。

　　既然来到世上，就要"明确方向"，找好奋斗目标，"船儿"就会"出航"。

　　既然来到世上，就要挺直吃苦的脊梁，敢于磨炼意志，"耐心是一种力量"。

　　既然来到世上，就要预测好风浪，"做好最坏的准备"，"笑迎厄运"，握住坚强！

　　既然来到世上……

■吻 火

>> 梁遇春

人世的经验好比是一团火，许多人都是敬鬼神而远之，隔江观火，拿出冷酷的心境去估量一切，不敢投身到轰轰烈烈的火焰里去，因此过个暗淡的生活，简直没有一点光辉，数十年的光阴，就在计算怎么样才会不上当里面消逝去了，结果上了个大当。

回想起志摩先生，我记得最清楚的是他那双银灰色的眸子。其实他的眸子当然不是银灰色的，可是我每次看见他那种惊奇的眼神，好像正在猜人生的谜，又好像正在一页一页揭开宇宙的神秘，我就觉得他的眼睛真带了一些银灰色。他的眼睛又有点像希腊雕像那两片光滑的、仿佛含有无穷情调的眼睛，我所说银灰色的感觉也就是这个意思吧。

他好像时时刻刻都在惊奇着。人世的悲欢，自然的美景，以及日常的琐事，他都觉得是很古怪的，从来没有看见过的，完全出乎意料之外的。所以他天天都是那么有兴致，就是说出悲哀的话的时候，也不是垂头丧气，厌倦于一切了，却是发现了一朵"恶之花"，在那儿惊奇着。

3年前，在上海的时候，有一天晚上，他拿着一根纸烟向一位朋友点燃的纸烟取火，他说道："Kissing the fire"（吻火）这句话真可以代表他对于人生的态度。人世的经验好比是一团火，许多人都是敬鬼神而远之，隔江观火，拿出冷酷的心境去估量一切，不敢投身到轰轰烈烈的火焰里去，因此过个暗淡的生活，简直没有一点光辉，数十年的光阴，就在计算怎么样才会不上当，在里面消逝去了，结果上了个大当。他却肯亲自吻这团生龙活虎的烈火，火光一照，化腐臭为神奇，遍地开满了春花，难怪他天天惊异着，难怪他的眼睛跟希腊雕像的眼睛相似，希腊人的生活就是像他这样吻着人生的火，歌唱出人生的神奇。

这一回在半空中他对于人世的火焰作最后的一吻了。

■ 赏 析

火焰可以席卷一切晦暗和"腐臭"。火焰的力量可以摧毁一切。投身于这团"生龙活虎般的烈火"，做一只飞蛾，宁愿葬身火海，不愿消匿于黑暗。"吻着人生的火"，让有限的生命燃烧，再燃烧……去实现人生的希望，去歌唱"人生的神奇"，去圆满一个梦、一种心愿。

其实，在我们每个人的心头，都有一团火在燃烧，我们需要做的是：加点儿干柴，设法使它越着越旺；而不要泼之以冷水，投之以沙土，想法儿把它湮灭……

■ 记住我

>> 卡臻雄

把我的双眼献给一位从未见过一次日出，从未见过一张婴儿的小脸或者从未见过一眼女人眼中流露出的爱情的人；把我的心脏献给一位心肌失能、心痛终日的人；把我的鲜血献给一位在车祸中幸免死亡的少年，使他也许能看到自己的子孙尽情嬉戏；把我的肾脏献给一位依靠人造肾脏周复一周生存艰难的人。

这天终将来临——在一所生和死接踵而来的医院内，我的身躯躺在一块洁白的床单上，床单的四角整齐地塞在床垫里。在某一时刻，医生将确诊我的大脑已经停止思维，我的生命实际上已经到此结束。

当这一时刻来临时，请不必在我身上装置起搏器，人为地延长我的生命。请不要把这床叫做临终之床，把它称为生命之床吧。请把我的躯体从这张生命之床上拿走，去帮助他人过上更加美好的生活。

把我的双眼献给一位从未见过一次日出，从未见过一张婴儿的小脸或者从未见过一眼女人眼中流露出的爱情的人；把我的心脏献给一位心肌失能、心痛终日的人；把我的鲜血献给一位在车祸中幸免死亡的少年，使他也许能看到自己的子孙尽情嬉戏；把我的肾脏献给一位依靠人造肾脏周复一周生存艰难的人。拿走我身上每一根骨头，每一块肌肉，每一丝纤维，把这些统统拿尽，丝毫不剩，想方设法使跛脚小孩能重新行走自如。

探究我大脑的每一个角落。如有必要，取出我的细胞，让它们生长，以便有朝一日一个哑儿能在棒球场上欢呼，一位聋女能听到雨滴敲打窗子的声音。

将我身上的其余一切燃成灰烬。将这些灰烬迎风散去，化为肥料，滋润百花。

如果你一定要埋葬一些东西，就请埋葬我的缺点、我的胆怯和我对待同伴们的所有偏见吧。

把我的罪恶送给魔鬼，把我的灵魂交付上帝。

如果你记住我，那么就请你用善良的言行去帮助那些需要得到帮助的人们吧，假如你的所作所为无负我心，我将与世长存。

■ 赏 析

在"我"的生命结束的时刻，请你来带走我全身有用的部分，将它们赠予最需要它们的人，帮助他们更好地生存。请将无用的部分燃成灰烬，让它把百花滋润。

然后，将"我的缺点，胆怯和所有偏见"埋葬，让"我"纯净的灵魂骄傲地升入天堂。

记住我，记住我的善良和美德，用你的行动去温暖他人的心。

记住我，记住我的才华和英勇，用你的智慧创造出他们的快乐。

记住我，记住我所说过的这些，用你的力量留住真纯。

风花雪月的梦

>> 金 玲

女人沉浸在梦中也没有什么不好，但我以为一个想要成就一番事业的女人是不可以总做梦的。

陆小曼一生都在做梦。我曾在《徐志摩的诗全编》那本书的扉页上看到过陆小曼的照片，觉得她长得并不算太美，当然也不算难看，脸盘稍大稍圆，嘴唇薄，眼神很媚，当然"活"的陆小曼一定比照片上更好看，有些人的美在瞬间定格的照片上很难表现出来，所以要看真人，看不得照片。我曾听有人说她最讨厌三毛，是因为她长得不美而说自己美，这话让我很反感。三毛无论美丑，总归是有人喜欢她。三毛的"好看"不是通常意义上的那种"漂亮"。

翻看徐志摩和陆小曼合写的那本《爱眉小札》，除那份浓得化不开的柔情蜜意外，还能看出另外一些东西来。陆小曼前半生是一个被庞坏了的女子，后半生又被命运重重地报复了一下，生活中的种种光环一下子都不见了。徐志摩的死，像小说中的某些情节，飞机失事，一下子就不见了。这种打击对陆小曼来说是致命的，据说当她得知徐志摩的死，像变了一个人似的。陆小曼一向是心高气傲的人，什么时髦的事、露脸的事都想插上一脚，从信上看她似乎是有意向电影圈寻求一点发展，但徐志摩在信上把电影圈说得一团糟，让她死了这份心。后来她又练过一阵国画，徐志摩为讨好她常说她的画画得极好，没过多久陆小曼便打算办个画展，这也被徐志摩婉言劝说住了。陆小曼还喜爱看戏、唱戏，经常在上海"忙唱"，客串演戏是她在上海的重要生活内容。徐志摩一方面为取悦于她，经常在信中谈京戏，另一方面也劝陆小曼"凡事总得有个节制，不可太任性。"

　　女人沉浸在梦中也没有什么不好，但我以为一个想要成就一番事业的女人是不可以总做梦的。被人宠着、哄着、关怀着，这种日子当然是每个女人都想要的，但这种被甜蜜环绕着的日子对女人来说其实未必真好，它使人温温软软、意志消沉，不知不觉丧失了斗志，陆小曼自己也说："可叹我自小就是心高气傲，想享受别的女人不大容易享受得到的一切，而结果现在反成了一个一切都不如人的人。"其实这便是对她自己一生的一个结论。聪明伶俐、心高气傲的人，有些就是被自己表面上那股"聪明劲儿"给耽误了，事事冲在前面，好表现、好出风头，但是什么事又都不肯吃苦，玩一阵子、闹一阵子，新鲜劲过去了也就那么着了，什么也留不下。

　　陆小曼晚景凄凉，据说最后死在北京的一家医院里的时候，整个人都脱了形了，当年那些风花雪月就像是一场梦，随风飘逝，无影无踪。

■ 赏 析

　　这就是一代佳人陆小曼的悲剧。

　　这悲剧的始作俑者只能是她自己，从小娇生惯养，满脑子"聪明劲儿"被耽误了，"心高气傲"终落个"不如人的人"，整日被那个徐先生"宠着、哄着、关怀着"，结果呢？她把自己给丢了。

　　"陆小曼一生都在做梦"，但这些梦又是如此的虚幻缥缈，她在梦境之中飞舞着，"玩一阵子，闹一阵子"，然后，又把梦一个一个地击碎了。

　　咳，但愿陆小曼的悲剧不要在你身上重新上演。

高高的白杨树

>> 田景丰

　　我紧贴车窗，凝望着站在秋风里的虚弱和苍老的父亲，他那瘦而硕长的身体，已经微微弓曲，形同那株枯黄的白杨树。

　　那是一个深秋的下午，父亲到车站为我送行。郊区的长途车站没有站牌，没有风雨亭，俗定约成的标志是一株高高的白杨树。夕照下，白杨树枝头摇曳的黄叶像一簇簇燃烧的火焰。

　　父亲一向沉默寡言，在送我到车站和与我在白杨树下的等待中，几乎没说过一句话。直到公路远处已经出现了那辆蓝色的客车，父亲感到我们分别在即，才又一次对我重复他在病床前的那句叮嘱："开了春，就来接我……"

　　我依然是默默地点头。

　　开春后来接父亲出院，这是我对父亲的许诺。父亲是在入秋后病倒的，住在省城远郊的一家医院里。父亲患的是绝症，而且已是晚期，但医生、护士和周围的人都瞒着他，都说他是胃病，开了刀就会好起来。

　　"不过，这事还是要通知你的儿子才好，因为要动手术。"医生对他说。

　　"不不，他很忙，也很远，还是等我出了院再告诉他吧！"无奈，医生只好在手术后才通知我。我赶去时父亲已经可以下床走动了，精神状态也不错。医生说这都是因为父亲不知道他的病情的缘故，他一直以为手术后会渐渐好起来。"你父亲的时间已经不多了，你要有所准备。不过，最好还是不要向他透漏病情，否则只会适得其反。"我自然依从医生，和医生串通起来，编织出一套谎言，以期尽可能地延长父亲的生命。我对父亲说，过了冬天你的病就会痊愈，到那时，我再来接你回家。

　　父亲不仅完全听信了我的谎言，还催促我立即返回单位上班，不要因他而耽误了我的工作。我含着泪答应了父亲。分别那天，我把身上多余的钱都留给了父亲。让他想吃什么就买点什么。父亲接过钱，脸上显出淡淡的悲哀："开春以前不要再来看我了，路远，车难坐，又要花钱，等开了春，我们顺便一起回老家看看。"父亲已经 71 岁。人到老年，思乡之情特别浓重。他常常叨念要回老家为我的爷爷和奶奶扫墓，并把这希望连同身体的康复，都寄托在来年的春天，可是我知道父亲的希望难以实现了。据医生推断，父亲的生命难以越过冬天，一块死亡的界碑已经横在他走向春天的路口，然而，我还是再三向父亲承诺，等开了春就来接他回老家去看看。

　　车来了，我与父亲终于在白杨树下分手了。上车后，我紧贴车窗，凝望着站在秋风里的虚弱和苍老的父亲，他那瘦而硕长的身体，已经微微弓曲，形同那株枯黄的白杨树。可是，白杨树开了春还会复活，而父亲他，已经不再有枯木逢春的机会了。

　　车启动了。远处，夕阳已经沉落，淡淡的暮色正在悄悄地铺散，白杨树上窜动的火焰渐渐熄灭了。我本想挥挥手向父亲道一声再见的，可手沉重得像注了铅，喉咙也不知被什么东西哽塞着。我只有用目光与父亲告别。父亲木然地站在白杨树下，眼睛痴痴地盯着我。白杨树上的黄叶，纷纷扬扬地在他的身旁飘落。

　　车渐渐远了，但父亲倚着那棵白杨树，一直木然地站在秋风里。

　　离开父亲以后，我原以为还有机会赶来为父亲送终的。没想到父亲病危时由于发报人的粗心，我未能收到第一封电报，电报五天后被退回了原处，等我拿着第二封电报赶去时，父亲已经去世三天了。在父亲的遗物中，我发现了我走时留给他的钱。据护理父亲的人说，父亲一分也舍不得花，说是开春回老家给亲戚们买点礼物什么的都需要钱。可见父亲直到临终，仍然执着地期待着我关于春天的许诺。

　　第二年的春天，我终于把父亲的骨灰送回了老家，安放在一块开满油菜花的山地里。途中，我又看到了那株高高的白杨树。那高高的白杨树枝头已绽满了新绿，萌发出盎然的生机，可父亲却已长眠于地下，与生养他的那块土地成为永恒了。

■ 赏 析

当那棵"高高的白杨树"重新焕发新绿的时候，"父亲"却走了，"与生养他的那块土地成为永恒了。"

"我"的那段关于"春天的许诺"没有阻止住"父亲"匆匆离去的脚步，那棵"白杨树"连同"父亲"虚弱而亲切的身影一起在"我"眼中凝固成永远的风景。

慈祥的"父亲"在生命的最后一刻，还"窜动"着执着的爱的火焰，这其中凝聚着"父亲"对生的渴望对故土的依恋之情啊！

"父亲"，走好……

出生入死时

>> 安 敏

小草，使白云与白云之间，涌来成群的牛羊，天空从此不再显得单调。

我有一个刑警朋友，叫柳奇志，是刑警队的头儿。那一天我正在队里采访，突然紧急通知，有重大案情出现，且案犯携有枪支，命令全队迅速出动。

于是紧急部署，于是几件防弹衣摆了出来。数了数，是五件，可这集体的队伍不下十几人。柳没有吱声，不经意地拿起一件穿上了。旁边的几个刑警也争先穿上了。

我的心里，有一种说不出的滋味。

这次任务完成得十分漂亮，柳一马当先，后来立了功。据说申报的是一等功，但上面批的是二等，理由是没有流血。见面时我笑话他怎么不受点伤？他一听乐了，"你呀，出生入死还去想着立功啦，生命都已经置之度外了！"我突然想捉弄他一回，说："你如果不抢一件防弹衣穿上，也许就能混上一等功了！"

他是一愣，继而苦笑说："我们队上一共只有五件防弹衣，碰上有危险的行动，去的人多，大伙就够不上。这时，我们谁都会抢先穿上一件。你知道吗？我们队有一条不成文的规矩，你穿上了防弹衣，你就必须冲在最前面，你就要先面对死亡！"

他说得很平静，我的心里却一瞬间翻江倒海！我从这防弹衣上，看到了警察们血的颜色，血的速度；我为自己的"小人之心"，痛苦着灵魂的猥琐与卑微。"每次抗洪抢险，一有时间我都看电视，都很感动，洪水滔滔，解放军只想着往下跳，可也许一跳下去，一辈子就结束了。你说，这个时候，有谁会想到去立功吗？因此，每次面对防弹衣时，我就会对我的战友们肃然起敬。"柳又说。

肃然起敬的应该是我们！

■ 赏 析

常说：小鸟虽小，五脏俱全。我看这篇文章就属"小中见大"的范例。刑警本色、社会怪圈，乃至"我"的委琐、卑微，都一览无余。从五件防弹衣上，作者看到的是争先恐后、出生入死的场景，看到的是刑警"血的颜色"。面对这样一个视死如归的群体，我们怎么能不肃然起敬呢？

■ 小院人生

>> 徐 昊

慢慢长大的我，祈祷着不要在人海中迷失自己，我不愿在人世的沉浮中将纯真如泥沙慢慢沉淀在心灵的湖底，也不愿在一场场人生竞赛中淡忘了包容，却将"自私"放进带走的行囊。

A

院子里住着 4 岁的妹妹可可。可可喜欢梳两个小辫子，上面系两个粉红色的蝴蝶结，高兴起来小辫子一跳一跳的。她圆圆胖胖的脸看起来很可爱，明亮的眸子闪烁着纯真与灵气。

一天，我穿上一条当时最流行、最时髦的黑色短裙走进小院，想让人夸奖一番。可可见后大叫："姐姐，你的裙子好丑啊！"她煞有介事地歪着头对我说："如果是粉红色的就好了，我最喜欢那种颜色了！"听过可可的评头论足，我很扫兴。可回家对镜端详，自觉黑色虽神秘，但确实与我不相称。想起可可的话不禁笑了——孩子口里说出来的，毕竟都是心中所想，比起那些口是心非的话要好得多。

B

每次见到可可的爸爸，我都笑着问声"叔叔好！"他也笑着道声"好！"那笑纯纯的，让人看后很踏实。可是不久前，他"下海"经商了，人似乎变了许多。头发总是亮亮的，鞋子也是亮亮的，眼睛更是亮亮的——大概在寻找每个发财的机会吧！渐渐的，他的笑变了，虽然依旧是简单的嘴角上挑的动作，我却怎么也找不回从前的感觉，是否那笑里多了几分世故、少了几分质朴？我不知道……

人长大以后是否都会在"商海风云"中学会尔虞我诈？是否都

在交往中磨平了"棱角"？是否在一次次潮起潮落中寻到了所谓"真正"的人生追求？

我不愿长大……

C

可可的爷爷最爱花草。院子里满是高高低低、浓浓密密的丁香花，花是平淡无奇的，香也总是淡淡的。

每天清晨上学时，都会看到爷爷驼着背小心翼翼地浇着水。浇罢双手背在身后，眯着眼睛端详着被朝晕镀上金光的花草，脸上总会浮着浅浅的却让人捉摸不透的笑。

我很迷惑：这小小的丁香花何以会使爷爷那么陶醉？

爷爷告诉我，与这些花花草草打交道，别苛求他们长得多漂亮，那样才会得到更大的乐趣。看着它们呼出绿的气息，养花者自然会很快乐。与人交往也是如此，对别人别奢求太多，只要自己做到诚恳，那便是最好。

小小的庭院，浓缩了整个人生。

孩子教我的，是用纯真对待每一个人。在孩子的世界里，我们无须戴"面具"，也不必担心受伤害。

常在成年人脸上看到本不该属于人类的虚伪与自私，可能那种迷失是迫不得已的，但它终究给我们原本真诚的交往蒙上了尘沙。

老人教我的，是用包容对待每一个人。别太在意自己失去了多少，别苛求他人太多，那么，你便是个快乐的人。

总在孩子纯真无邪的脸上，看到最真实的性灵。

总在老人深邃如海的眼中，读到最深沉的事理。

慢慢长大的我，祈祷着不要在人海中迷失自己，我不愿在人世的沉浮中将纯真如泥沙慢慢沉淀在心灵的湖底，也不愿在一场场人生竞赛中淡忘了包容，却将"自私"放进带走的行囊。我希望所有的人也都这么想，那么，交往中，我们将会多一份快乐。

斜阳下，爷爷抱着可可浇院里的丁香花。绿藤旁，幽香中绘成了世界上最美的风景。

■ 赏 析

小小庭院，浓缩了整个人生。

孩童时代，纯真；成人时代，真诚；老人时代，包容。这是人生的真正三部曲。

但愿每个人的一生都平平安安，多些纯真，少些虚伪，多些真诚，少些自私，多些包容，少些苛求，这样，我们就会快乐一生，平安一生，幸福一生。

朋友啊，请认真书写好这人生三部曲吧！

■ 婆娑与芬芳

>> 于 晨

这世上总有泥土，便总会有新的高树婆娑而起；这树上总有果实，便总会有孕育了希望的花朵迎风而舞。是的，正如芸芸众生一样，树无法预知未来，无法选择那注定前景灿烂的花朵，它所能做的，只是捧出每一片叶、每一朵花，去守望。在千万次的努力、千万次的守望中，生命的价值正得到兑现。

考场里静悄悄的，却隐着份暗暗的不甘。是的，那么长久而认真的复习，最终面对的却不过是如此简单的一份考卷。背后有人长叹一声，无聊抑或无奈？再看一眼其实不愿再看的试卷，我的心突然空落落的。

散漫的目光越过窗口，掠过屋顶，很自然地落在了那棵高树上。真的，那是棵很惹眼的树。零散的林木间，那硕大的树冠鹤立鸡群地挺出飒飒风姿，再缀上那些不知名却火一般燃烧的小花，便凭空多出了万种风情。

突然就有些喟叹：那些花，即便妖娆，即便芬芳，却终究不是每朵都能成为果实。华而不实，我似乎听到了那些花凋零时悠长的叹息。那些果实，即便饱满，即便甘甜，却终究很难在钢筋水泥间抽茎长叶。实而不萌，我似乎看到了那些果实枯萎时哀怨的目光。如果一切的努力都是徒劳，那么——那努力除了悲哀还有什么？

但那树仍然惹眼。那些自由舒展的枝条洋溢着活力，更洋溢着信念，那挺立的身形生动了守望者的内涵。这世上总有泥土，便总会有新的高树婆娑而起；这树上总有果实，便总会有孕育了希望的花朵迎风而舞。是的，正如芸芸众生一样，树无法预知未来，无法选择那注定前景灿烂的花朵，它所能做的，只是捧出每一片叶、每一朵花，去守望。在千万次的努力、千万次的守望中，生命的价值正得到兑现。

有同学提前交卷，我却决心坐到终场。是的，即便是过程，也该让它充实到无所遗憾。

■ 赏 析

呆坐在鸦雀无声的考场里，"我"的心犹如落入了冰窟，一种失落感倏然遍及全身。无奈又无聊……

"我"努力的搜寻，"我"不想再独守这份感伤和失落。散漫的目光掠过窗口，那棵树成了我此时的栖息之地，遐想的神经被树的一点一滴所触动。那花并非都结果实，那果实并非都能萌芽生根，这值得悲哀么？可是，那树惹眼，它洋溢着活力、洋溢着信念，挺立的身影是守望者的内涵呀！"树是无法预知未来，无法选择前景的"，但生命的价值却在万次的守望中得到兑现……

于此，"我"读懂了人生。"即便是过程，也该让它充实而无所遗憾"吧……

■ 荔枝姑娘

>> 王冰心

就在这年暑假，在人生的五线谱上失落了一个音符。她，在娓娓蜜语中，成了生活的俘虏。

正是荔枝泛红飘香的盛夏，几年来进永兴荔枝山的夙愿，今天总算如愿以偿。山路坎坷。我们一步一担心地走呀走，忽听人声鼎沸，欢歌阵阵，人们的吆喝声，孩儿的嬉戏声，还有发动机的喧嚣声汇作一曲。我想，定是荔枝大丰收的阵势摆开了。

一块难得的大约 50 米见方的开阔地上，摘下来的荔枝小山似的，一堆堆逶迤腾浪。人们装的装，卸的卸，又是扛又是挑；汽车和手扶机接踵川流，每个人都忙得不可开交。从路口那边不时传出清脆的报数声。视线掠过人头看去，只见一位女学生模样的，时而盯着磅码，时而报出数字，不厌其烦地重复着。挤进人群，绕过堆堆荔枝，近看却是一位透发青春灵气的农村姑娘。她那熟练的司磅动作，越发显出成熟的俏丽。见到我们，她很感意外，腼腆、害羞，绯红的脸颊还带点悔意。此情此景，不觉把我带到 3 年前的回忆中……

"难道重点班的同学只有上大学一条路？"

"片面追求升学率！"

那是高二下学期的一次班会上，丽丹向班主任程老师发起的跟她那平和友善的性格很不协调的斥问。打那以后，她不但不理解老师为她逐步成熟而感到的欣慰，反而告假频繁。学期结束时，她竟托人向老师递上休学申请书。

就在这年暑假，在人生的五线谱上失落了一个音符。她，在娓娓蜜语中，成了生活的俘虏。从此，她成天嘴里哼着欢快的流行歌曲，守在小小的单缸煤气炉旁，精心烹调丈夫爱吃的"三层腩焖豆腐"，再加点糖，溢满了妻子的柔情蜜意。

在那似是而非的良辰美景中，天性的活泼、善感，语文课里接受过的形象思维训练，文学名著的熏陶，使她的感受力和想象力回生。她不再陶醉在"玫瑰色的生活"里，感到生活并不只是宁静和柔情，她腻烦了这10多平方米的房间……

婚后3个月，她毅然成为荔枝良种繁育和病虫害防治（自费）培训班的学员。在那里，她如饥似渴地听呀，读呀，记呀，简直像海绵碰到水，"科技兴农"成了她最坚固的信念。仿佛她已经拥有属于她的，崇高而神圣的事业；在她眼前，故乡荔枝山中突滑突滑的石子小道，一下子变成宽阔平坦的大道。那高兴劲不亚于她在学校里考试名列前茅的样子。

"谁给你出的主意？"

"是我自己！"

"你一辈子享得完一个工程的盈利吗？你这是何苦！"

"我缺的不是钱，是人格的追求！"

"你……"丈夫财大气粗地拂袖而去。

从此她生活上像断了线的风筝，然后精神上却焕发着无限青春。她毫不后悔，越发觉得自己正值青春年少，坚信自己是在追求真正的人生。她取得爹妈的同意，对自家的六棵不稳定的无核型荔枝做稳定化试验。于是，氮磷钾的配合、施肥，抑叶剪枝，样样出自她的灵心巧手。她时而旋转于荔枝山里，时而上县城去找资料，只要她的任何一项试验措施能得到理论根据并很快的见效，就高兴得忘记了时候，忘记了疲劳，忘记了一切。见到她精心培育的无核型荔枝树的好长势，先是几户，接着是十几户、几十户人家学了起来，请她当"先生"。

不料这一年荔枝病虫害偏偏凑上热闹，她翻书，买农药，还要作观察。村里父老荐举她配合县里来的技术员携手奋战了20个日夜。人瘦了，脸上的红润消逝了，然而她追求人格的脚步迈得更稳健了，"荔枝姑娘"的爱称也从此传开了。

"无核率98%。"这数字于旁人未必惊喜，而在她，却是三年甜酸苦辣的结晶。刹那间，她先前的腼腆、害羞和悔意，在我心目中顿化作谦虚、热烈和自强。

望着小巧的身子，两颊透红的脸儿，一头乌黑透亮的好头发短短地剪齐在耳垂下的她，繁忙中却又安静得像一滴水，只有那微微的笑洋溢着热情的责任感和执著的追求……

■ 赏 析

是人材，不在于学历的高低，知识的深浅，而在于他为社会的贡献大小。

无知不学，一生糊涂是废品，

有材不用，一生平庸是次品，

恃材自做，一生阴险是危险品。

我们应立足平凡，顺其自然，脚踏实地，悉心付出，那等待我们的将是甜蜜的收获，成材后的喜悦。

■ "人"字是支撑的结构

>> 岩 韵

当人们为私利而活的时候，他的欢乐只是狭小的溪流；当人们将自己融入他人、集体、社会时，他的每一点爱心都将与众人化为气势磅礴的大海。

这是真实的调查结果：人们都赞赏"乐于助人"的品质，而在他人身处困境时，人们的行动却往往是"悄悄走开"。这一调查结果发人深省，我不由得想到了"人"字。"人"字是个支撑的结构，我们在渴求他人支撑的同时，同样需要支撑他人，力的作用是相互的。

世界很小，是个家庭；人的一生与整个社会息息相关。人之所以不同于动物，就在于人的社会性，人的力量在于"群"。当人们为私利而活的时候，他的欢乐只是狭小的溪流；当人们将自己融入他人、集体、社会时，他的每一点爱心都将与众人化为气势磅礴的大海。席勒在救助了一位面临穷途末路而自杀的神学院学生后，写下《欢乐颂》赠给他。这位伟人的遗孀曾回忆说："他活在世上，将整个生命与爱都献给了这个世界。"《欢乐颂》也成为世界名诗，它的精髓与魅力就来自人类普遍的爱心。恩格斯曾回忆燕妮说："如果说，世界上有人把别人的幸福当作自己的幸福，那就是她。"伟人在为他人奉献的同时得到了世界永恒的爱与崇敬。这就是伟人的"人"字结构，正是这种坚固的"人"字结构，支撑起了伟人们崇高的人格大厦。

爱心，往往在平凡中闪现，又在奉献中升华。徐虎同志几十年如一日，为市民修水电；李素丽奉行"真情为他人"，积极助人；青藏高原上的年轻女教师为了帮助贫困的学生，暑期去南京打工……

这一个个鲜活的例子一次次地证明：生活需要爱，世界拥有爱；互相支撑，"人"字便充满了力量。一点关怀，一点奉献，就是力量；"一碗阳春面"，就是奋斗向上、鼓舞人心的太阳；一个微笑，一次伸手，一个关怀的眼神，一句关切的话语，都是支撑"人"字的元素。

付出，不一定有回报；然而，没有付出，绝没有回报。伸出援助的手，挽起来，是一个天，撑起来，就是高大"人"字！

■ 赏 析

人们之间是互相支撑的。我们在渴求他人支撑时，同样需要支撑他人，力的作用是相互的。

人的力量在于"群"，人的一生与整个社会息息相关。当人们为私利而活的时候，他们的欢乐只是条小溪；当人们将自己融入他人、集体、社会时，他就会与众人化为大海。

只要每一个真情为他人，这样互撑起来，就是一个高大的"人"字啊！

■火　焰

>> 金　玲

它在走向新生的圣地，然而，也是它走向自焚，走向死亡的起点。

今天的女孩，知道萧红的也许不多，喜欢萧红的更是稀少。但是如果有空有心情，请你一定去读读萧红。

萧红是那种生生死死爱一回的女人，她的生命如火焰一般，腾然升起又腾然熄灭。萧红死时只有三十一岁。

萧红死于兵荒马乱的战争年代，由她的丈夫端木蕻良匆匆葬于香港浅水湾。没有墓碑，只在海滩上插了一块木牌。50年代浅水湾那块地被一家公司买了去，萧红墓迁到了广州银河公墓，这才结束了她生前死后接连不断的迁徙流浪。我没有去过广州，更没有到过萧红墓，但我一直在计划着行程，我在收集身边所能采到的每一朵白花，不同品种，却是同样的洁白。那些花永远沾着露水，永远不会枯萎。萧红临终要人用白绸子裹身，她说死后要面向大海。这是一个女人最后的圣洁与浪漫。

据说给萧红迁墓时，插在浅水湾海滩上的那块木牌早已不知去向了。我想象着那块写有"萧红之墓"的木片在墨蓝的海面上随波逐流的样子，便像是看到了女作家漂泊动荡的一生。

萧红出生在东北呼兰河畔的一座小城。她在她的第一部长篇小说《呼兰河传》里详细描写过她的家乡，那种淡淡的笔调可真美，什么米铺啦，绸布店之类，我好久没有看到过这么朴实淡雅的文风了。萧红是因为和父亲关系紧张而离家出走的，与恋人同居之后又被人抛弃，怀着八九个月的身孕住在一家小旅馆里，无依无靠，欠着旅馆老板很多钱。那家店的老板打算等她生下孩子后就把她卖到妓院里去，用这笔钱来还她欠下的房钱和饭钱。萧红在走投无路的情况下，投书报社发出求救信号。

来解救她的人正是她日后的生活伴侣萧军。萧红的《商市街》是一本随笔散文类的集子，是她和萧军一起住在哈尔滨的一些生活杂感。其中有一篇《饿》给我的印象非常深，当时战争的炮火正袭卷全国，萧红和萧军从北方来到上海投奔鲁迅先生，萧红的《呼兰河传》才得以出版。萧红后来为鲁迅先生写过哑剧《民族魂》，她用哑剧这种艺术形式来表现这位文化巨人。

萧红的性格如同烈焰一般，敢爱敢恨，她短暂的一生活得是那样棱角分明。那块刻有她名字的墓碑，现在究竟飘到哪里了呢？面对大海，我无话可说。蓝色的是海，白色的是绸缎，我会把它们轻轻扎成一把，横放在她的墓边的。墓碑上有她的照片，我看到她的微笑了。

■ 赏 析

女作家萧红凄凉壮美的一生确实给我们留下很深的印象。在那兵荒马乱的岁月里，她饱尝了贫困、孤寂、冷漠和奸诈，同时，她也感受了世间博大之爱。她向往大海，向往洁白、纯净的生活，"她临终要人用白绸子裹身，她说死后要面向大海"。——这"最后的圣洁与浪漫"透射出作家，对生命对生活的满腔激情和殷切向往。

你看，在"银河公墓"的一角，亮着一朵百合花，闪着一团火焰……

■ 风中的女孩

>> 银 芳

一个人成长的过程，就是一次次地割舍旧我的过程，成长是闻不到血腥味的一场战争。

小史是一个从未爱过的女孩，她高中毕业那年独自来到北京闯荡，当时她的想法很单纯，就是不想在家里呆下去了，想一个人出来走走、看看。

这种想要独自离家的念头是不是每个女孩子都曾经有过，我不敢肯定，但我曾经是一个"离家"念头极为强烈的女孩，十八岁那年我突然离开舒舒服服的家去当一名女兵，我想就跟这种渴望独立的念头有关。那时候，军校给我们每一个学员每月只发十元津贴费，但是我们这帮刚穿上军装的女孩子都很高兴，因为我们可以骄傲地向所有人宣布：我独立了。

现在想来，一个人成长的过程，就是一次次地割舍旧我的过程，成长是闻不到血腥味的一场战争。

小史说她在北京混得不好，和她想象的完全不一样。

认识小史是在一个秋天的下午，那天我们一帮人正在一个朋友家的葡萄架下坐着聊天，小史来了，她和我们中间的一个人认识，和其他人都不太熟。她穿着一套灰蒙蒙的棉布运动套装，坐在角落里的一张椅子上，显得心事重重的样子。我走过去和她聊天，小史用手抚了下我的长发说："你的头发可真好啊，我以前也有你这么长的头发，可惜到北京之后剪掉了。"

"为什么要剪头发呢？"

小史说："每次心情不好，我就去剪一次头发，希望能换一换运气，可是坏运气总跟着我，我都不知从何说起。"

下面是小史的自述，她是从离家出走那一天说起的。

"1992 年 11 月 21 日，是我离开家乡的日子，其实我这种离家应该算不上是少女离家出走，因为我毕竟十九岁了，而且已经高中毕业，我想我有能力养活自己了。那一年我没有考上大学，天天闷在家里，很烦。母亲整天在屋里唉声叹气的，有的时候屋里很静，她会冷不丁地冒出来一句：'要不，咱就明年再考一次？'

"我明明知道母亲是为我好，可我还是忍不住冲她发火，'考什么考！我不会呆在家里吃闲饭的！'

"那时我对母亲的态度非常不好，伤了母亲的心。可是你想，我成天呆在家里，面对着一个唉声叹气的人，我能好受吗？我想离开家，走得越远越好。

"我凑了一些钱，买了一张上北京的火车票。离开家那天没有一个人来送我，只有我的一个女同学送我到火车站。我走的那天我爸爸妈妈都不在家，我给他们留了一张纸条贴在门上。我记得当时给他们写纸条的那支笔怎么写也写不出水来，我就想，连这支笔都在留我呢，这样一想眼泪唰唰地流下来。

"我的那位女同学当时对我说，你走了，就不要再回来，远走高飞离开这个小地方吧。其实我也是这么想的，到北京闯荡一番，干出点名堂来给他们看看。

"我不知道我来北京能干什么，我只知道北京好，北京是一个大城市，遍地都是机会。但是这几年在北京呆下来我才知道，机会和陷阱是并存的，有些事说得好好的，可是一旦干起来就不是那么回事了。说实的，在北京我也学到不少东西，我上过电脑班、外语班、中英文打字班，我做过推销员、文秘，带人搞过策划，女孩子能干的活我基本上全干过了，但我心里越来越觉得空荡荡的，仔细想想我这些年来忙忙碌碌又得到些什么呢？我是挣到了一些钱，但是在北京的开销也很大呀，光每月房租就得交八百，剩下的刚够伙食费，还得买买衣服什么的。

"但是，我有一个原则，我不依靠男人，在北京这几年我完全是一个人撑下来的。有时想想，我不知道自己在等什么，风中看不到雨的影子，事业上希望渺茫，爱情上我见不到一个真心实意的男人。

我现在常常想家，后悔当初为什么常常要跟母亲吵架。在外面走过了看过了，才知道只有爸妈是对自己可以无条件付出的，其他人做事的原则都无异于等价交换，你要想得到吗？那么来吧，你先得从身上付出点什么来，人家才会睐你、买你的帐。有朋友告诉我，都什么时代了，你得学会利用自己。'利用'这个词我很反感，难道女孩子除了自己的身体就没有别的什么了吗？"

天黑下来，房子的主人打开院子里的灯，我和小史看到许多晃动的人影。这时候，有人过来叫我们过去吃饭，小史却看了一下腕上的手表说，哎呀，晚上我还约了人谈生意，得先走一步了。

望着小史匆匆离去的背影，我愣了一阵神儿，我想在北京的大街上有多少个匆匆忙忙的小史呢？理想是什么，真是小史说的那片等不来的云朵吗？

■ 赏析

说实在的，"小史"的确是一位勇敢的女性，她抛却家的温馨，珍藏起父母的亲情，一个人闯世界，磕磕碰碰跌跌撞撞，一路走到今天，难啊！

孤影相伴天涯，只身独闯世界。"小史"于各种"机会和陷阱"之间穿梭着，于各种各样的目光之中生存着，她不会"利用自己"，于纷攘的世俗之间，她坚强地挺起自己的骨头，撑起那一方属于自己的湛蓝的天！

"外面的世界很精彩，外面的世界很无奈。"

愿"小史"走好……

逝水流年

岁月如歌

>> 文 心

往事如歌，那些优美的旋律终究属于过去，绊不住我成长的步伐，我也无需沉醉其中。今天是连接昨天与明天的桥梁。我将踏着时代的节奏，用今天的奋斗去构筑美好的未来。

当时间悄悄地流逝，冲淡了岁月的痕迹；当我沉浸于对未来的憧憬，不再品味过去；当我日渐成熟，不想理会孩童时的幼稚，那一首首熟悉的歌，却如一眼清泉，流入我的心扉，让心筛滤掉无谓的粉末，勾起了我对往事的回味。

《丢手绢》是大家耳熟能详的一首儿歌。每当听到它，就会想起幼年的我。

那时我很爱幻想，能对着蓝天上的几片看似平常的云，说出一大堆有声有色的故事来。有一次，在遇到幼儿园的阿姨时，她笑着告诉我一件早已忘却的事：有一天下午，上户外活动课时，大家围成一个圆圈，都在玩丢手绢的游戏，唯独我倚在花坛边，用手掐着一只小蜗牛，与它说了好一阵话。我专注而有趣的神情，使她忍住没打扰我在童话世界中的漫游——与那位蜗牛先生谈话。

《可爱的小马车》是小学音乐教材中一首欢快而充满童趣的歌。对于这首歌深刻的印象，源于一次小学时的文艺汇演。那次我正是选唱的这首歌。当我上台面对五百多位老师和同学时，心里不由得紧张起来，所以起调时比平时练习时高了八度，当我意识到这一点时，已唱了第一句。这时，我与伴奏的老师的目光突然相遇，她给了我一个肯定的眼神，于是，我鼓起勇气，一气唱下去，不料赢得了评委们的高分和观众的热烈掌声。

从那时起，我懂得了积极参与的可贵，也学会了坚持到底的精神。此后，我便努力多参与，尽自己的能力去对待机会，即使失败了，也不气馁。

随着年龄的增长，烦恼就接踵而来。升入初中，一时难以适应新的环境。尤其是初中第一学年的学习成绩上的不理想，令我很困惑。但是，当我理解了拿破仑的"什么是英雄，不是永不失败，而是在失败后能屡仆屡起"，当我听懂了贝多芬的《命运》时，我学会了勇敢地面对困难并奋起直追。每当我感到沮丧，感到力不从心时，《真心英雄》那令人振奋的旋律就会环绕在我耳旁——"不经历风雨/怎么见彩虹/没有人能够随随便便成功！"

歌，还是要唱下去的，琐碎的往事夹在感怀的旋律中。

成长的路上，远远不止这几首歌打动过我。只不过，有的歌贯穿得长久些，清楚些，再听到它时，总会透过歌声，想起那些成长的片断，看到那些成长的足迹。

往事如歌，那些优美的旋律终究属于过去，绊不住我成长的步伐，我也无需沉醉其中。今天是连接昨天与明天的桥梁。我将踏着时代的节奏，用今天的奋斗去构筑美好的未来。

■ 赏 析

追忆往事，并不是沉缅于往事之中，不能自拔。

追忆往事，是在从那些锁碎的往事之中，拣拾一只贝壳，采摘一枚花朵……

追忆往事，就是把抑郁沉闷的心事凉干，让一颗浮躁、困惑的心重新燃起希望的火苗儿……

追忆往事，就是在"昨天和明天的桥梁"之间，发现一个崭新的自我，"用今天的奋斗去构筑美好的未来。

时 间

>> 彦 子

可那让时钟滴哒，让花儿开放，让生命消逝的时间，那又长又短，又快又慢，又零散琐碎，又绵延不绝，又摸不着看不见，又时刻在你身边的时间啊，却没有因为你的"没有察觉"而稍作停留。

我小时候，受了电影里慢镜头的蛊惑，常在夏天的傍晚时刻，蹲在自家的小花圃里，目不转睛地看紫茉莉的绽放。然而孩子的耐心毕竟是有限的，当我等不及，跑回屋去抓一把炒豆子回来的时候，紫茉莉已经悄然绽放了那恼人的一角。

我也曾像凝视紫茉莉般凝视父亲的手表和家里的闹钟，想弄清那慢吞吞的分针是怎样爬过一个格子的，但无论我怎样聚精会神一丝不苟，又怎样不甘失败重来一次，也无法看清大秒针嘀哒伴奏下的分针是怎样从十五分跑到十六分，又从十六分跑到十七分的。

后来渐渐长大，有时候几个朋友聚在一起神聊侃大山，就发现每个人都居然有那么多的当年往事可以话说。开始是觉得好笑，毕竟都只是十几岁的人，后来就觉得惊诧：生命的四分之一已经被岁月掏空，被无聊的记忆偷换了吗？而我们就像当年不觉察茉莉的绽放和时钟分针的移动一样没有察觉。可那让时钟滴哒，让花儿开放，让生命消逝的时间，那又长又短，又快又慢，又零散琐碎，又绵延不绝，又摸不着看不见，又时刻在你身边的时间啊，却没有因为你的"没有察觉"而稍作停留。它更像是一条我们用生命租来的船，无论是否航行，都得照付代价，没人能够拒租也没人能够拒付。但生命毕竟是极其宝贵的，所以只好让每一分钟都过得充实而有目的，因为，从某种意义上讲，时间不被怠慢，生命也就获得了相应的延长。

■ 赏 析

"从某种意义上来讲，时间不被怠慢，生命也就获得了相应的延长"。

谁愿意把生命当做皮球一样，随意地踢来踢去，随意地窜蹦磨损呢？

谁愿意把时间当做一辆破旧的老牛车，随意地搁置角落，随意地劈砍烧锅呢？

在"紫茉莉已经悄然绽放了那恼人的一角"的时候，"我"感受到了时间的无情无义，在"那慢吞吞的分针""爬过一个格子"的时候，"我"感悟到时间的凝重和深沉。

没有什么办法能让你逃脱时间的纠缠，没有什么办法能让你改变时间的快慢。

既然没有什么办法，我们为何不贴进它，并珍惜它呢？

■ 时间？时间！

>> 梅倩如

时间是瀑布，在你被周围的美景所吸引，痴迷得流连忘返的时候，它会从你的眼皮底下转瞬即逝地离开。

时间是什么？

时间是苹果，苹果自身当然有大有小，但大多数苹果之间差别不大，所以，能吃到多少果肉，还是要看吃的人吃剩的核有多大。

时间是汉堡包，任凭你想往里夹什么都可以，只要做成的是你自己的口味，你就成功了。当然，如果你的成果能让很多人喜欢，你就在精神和物质上同时富有了。

时间是矿泉水，淡然无味，但是渴极了的人却感到它是甜甜的。只需换一种心情，换一种处境，本来索然无味的也许会变得很精彩。

时间是冰激凌，只要愿意，一年四季都能吃到，但是味道和感觉是不同的，春天尝到的是甜甜的花香，夏天的感觉是畅快和凉爽，秋天能品出枫叶的味道，冬天则冷出一种和严寒较劲的豪情。

时间是一盏无法熄灭的灯，当你闭上眼睛休息时，本以为灯已经灭了，已经没有能耗了，它却仍在一刻不停地消耗着能量，直到你永远地睡去。

时间是一个劣质的自来水龙头，没办法拧紧它，但是，你不用的时候，应该有意识尽量关小一点，因为总量是有限的，少浪费一点，就为自己又多争取了一点。

时间是一把尺，有周月季年等许多单位，每个人的刻度都必须自己去划分。有的人把天作为最小刻度，有的人却用了小时或者星期，这样的划分没有最小的极点，而最大的刻度就是人的一生。

时间是一台电脑，拥有很高的配置，用它来工作、学习非常方便、快捷。当然也可以用它玩游戏，而且图像效果会很逼真，丰富精彩的画面内容会让你不愿停下，但对于电脑来说，那是极大的资源浪费。

时间是分数，考试的时候，只缺了那么几分钟，也就只缺了那么几分……

时间是荣誉，赛场上就是那么微乎其微的一点点时间，决定了闪耀的金牌要挂在谁的脖子上。

时间是生命，也许就因为晚了那么一会儿，一条生命就消逝在了去医院的路上。

时间是辉煌和毁灭之间的一层薄纸，稍稍一点时间，就能吞噬掉 TTANIC 的不可一世和一千五百条无辜的生命。

时间是年轻人，能永远保持旺盛的精力。

时间是老年人，经历过的沧海桑田绝无仅有。

时间是男人，在生离死别的时候会冷酷地告诉伤心欲绝的人们："时间已经到了！"

时间是女人，在人们被某个问题困扰的时候会温柔地说："别着急，还有时间。"

时间是女孩子怀里的芭比娃娃，男孩子手中的变形金刚，在不同的打造下会变成不同的样子，惟一的相同是那永远高高在上的价格。

时间是瀑布，在你被周围的美景所吸引，痴迷得流连忘返的时候，它会从你的眼皮底下转瞬即逝地离开。

时间是高山，你可以乘索道上去，可以坐轿子上去，也可以自己一步步爬上去，只是，等到最后到了山顶，感受大概会不一样。

时间是海水，尝起来又苦又涩。但如果能利用它，就会像淡化的海水和从海水中提取出的各种盐一样，是人类的一笔莫大的财富。

时间是森林，拥有各式各样的树种。盖房子的时候，应该用楠木做栋梁，用泡桐打家具。如果搭配使用不当，那最终不但房子不结实，对木材也是极大的浪费。

时间是沙漠，悠远的驼铃声飘过，在沙砾上会留下一行过客的脚步，但再坚实的脚印最终总会被风沙遮盖，不留下一丝痕迹，不久，就会有一个新的脚步踩在上面，然后消失，如此这样周而复始。

时间是地球，是人类赖以生存的基础，也需要人小心地呵护它。

时间是太阳，人因为它的能量才可以存在，于是围绕着它不停地公转自转。

时间是银河系，在人的眼里是一根漂亮的银色带子，拴着从古往今来那牛郎织女的美丽故事。

时间是……

时间是空间，是宇宙……

字典上说：时间是物质存在的一种客观形式，由过去、现在、将来构成的连绵不断的系统。是物质的运动、变化的持续性的表现。

其实，时间就是

……

时间究竟是什么呢？

■ 赏 析

初读，满眼是一片混沌的世界；细读，这些一次性横向展开的意象，却是一种对于永恒的瞬间把握，是奔腾激荡的生命之流迸发出的簇簇晶莹水花。"时间？时间！"一个问号，一个感叹号，强劲地拨动着读者的心弦，令人遐想、动情，使人珍重"时间"之流逝对人生的价值。作者所创造的意境，内涵丰富，气势磅礴，情味隽永。

■ 善待今天

>> 黄伯益

　　昨天就像使用过的支票，明天则像还没有发行的债券，只有今天是现金，可以马上使用。今天是我们轻易就可以拥有的财富，过度的挥霍和无端的错过，都是一种对生命的浪费。

　　这肯定是一个非常奇怪的念头，在一次又一次尝试失败之后，我仍在小心翼翼地选择一条无碍无阻的通途，以期回到从前。从前之于我们，肯定有着某种特别重要的意义。

　　如果从前是走出母体的第一声哭泣，那声石破天惊的嘶喊，就该是一个新生命的宣言。那无字的长叹，那无韵的悲欢，那无意而又朦胧的举止又有多少人生的真谛隐含其中呢！如果从前是那段无忧无虑的人生初始岁月，那份对父母的深刻依恋，那份对陌生世界的悄然觉悟，是否又冲淡了自然对人性的皈依呢！还有那场没有结局的初恋，几页泛黄的信笺和半本残缺的日记里能否安妥两颗焦灼的心灵呢……更多的时候，过去的一切不仅不会重现，而且连修正的机会也没有。

　　隆萨乐尔曾经说过："不是时间流逝，而是我们流逝。"不是吗，在已逝的岁月里，我们毫无抗拒地让生命在时间里一点一滴地流逝，却做出了分秒必争的滑稽模样。

　　说穿了，回到从前也只能是一次心灵的谎言，是对现在的一种不负责任的敷衍。史威福说："没有人活在现在，大家都活着为其他时间做准备。"所谓"活在现在"，就是指活在今天，今天应该好好地生活。这其实并不是一件很难的事，我们都可以轻易做到。

　　昨天就像使用过的支票，明天则像还没有发行的债券，只有今天是现金，可以马上使用。今天是我们轻易就可以拥有的财富，过度的挥霍和无端的错过，都是一种对生命的浪费。

这世上再也没有什么能比今天更真实了。即使能回到从前，也会有太多的遗憾，就像一个早已愈合了的伤口，又被我们重新揭起。那些因为我们当初错过了"今天"的结果。或许，回不到从前，那声啼哭才更具有撼人心魄的力量；或许，回不到从前，那段逝去的童年才会更令人神往；或许，回不到从前，那场没有结果的初恋才能成为你生命之树上的永恒花朵……

不要回避今天的真实与琐碎，走脚下的路，唱心底的歌，把头顶的阳光编织成五彩的云裳，遮挡凌空而至的风霜雨雪。每一个日子都向人们敞开，让花朵与微笑回归你疲惫的心灵，让欢乐成为今天的中心。如果有荆棘刺破你匆匆的脚步，那也是今天最真实的痛苦。

迎接今天的最佳姿势就是站立，用你的手拂去昨天的狂热与沉寂，用你的手推开明天的迷雾与霞辉，用你的手握住今天的沉重与轻松。把迎风而舞的好心情留在今天，把若隐若现的阴影也留给今天。

只有善待今天，才能让生命感知生活的无边快乐。

■ 赏 析

善待今天就是善待生命。

没有什么能比今天更真实，更具表象。"今天是我们轻易就可以拥有的财富"，谁忍心将这笔"财富"丢弃呢？

站在今天的门边，不要过多地回望昨天。如果我们在流逝的日子里眷恋、哀婉，那今天又会成为明天的昨天！

是啊，"善待今天，才能让生命感知生活的无边快乐"。

日 子

>> 陈 焱

　　潮涨还会潮落，花开亦要花谢。也许平淡的日子就是这样，属于它的是平静、平常、平实，不同的是每一个人的理解与领悟。

　　见过蝉变吗？由透明的纯洁，到那淡褐色的丑陋。

　　这是成长，美丽而又残忍。我问自己：若是美丽注定要被伤害，坚强不过是一件结满血痂的外衣，这样的成长是否有快乐可言？

　　不知道。真的，手捧生命灿烂的花朵，很难也很不愿猜想它枯萎成一片不被人注意的残片后该是怎样的景象。可是，这个问题又总纠缠着我，不时会有陌生的声音向我提类似的问题，我在思考中寻找着答案。

　　雪原上的枯树和天空伸出渴望阳光的手，平静的山谷中绽放一朵朵美丽的花，我问自己：日子是一天天变得庸俗了，还是一日日有了新的发现？也许有人会对我说：春天就是这样，秋天也永远不会改变，不要总自寻烦恼。可是，我就愿意思考，愿意在思考中顿悟。

　　潮涨还会潮落，花开亦要花谢。也许平淡的日子就是这样，属于它的是平静、平常、平实，不同的是每一个人的理解与领悟。习惯了清晨睁开双眼的刹那间期待着新的一天会有一些不寻常的际遇，习惯了每日临睡前给自己一段灯下桌前的时光，读一页散文，听一支老歌，写一行诗句，呷一口清茶，品一下日子的滋味。夜深人静，虫吟唤醒记忆，有温馨的花香自远处飘来，有深沉含情的音乐奏响，有铭心刻骨的往事重现。它们，一点点、一丝丝、一寸寸渗入你记忆的血脉，一声一声敲击你欲酥欲软的心骨，贴近你的心灵。它们，轻悠悠地，静悄悄地来，却惹得你们满眼的应接不暇，惹得你淹没在它们的热闹中。

日子，真的很难说清我对你的感受，一日又一日，一年再一年，又步入一个新的驿站了。冬青的叶子泛着白色亮眼的光，小洋楼上隐约传来古乐的柔美，风扑进池水的怀抱，吻破覆盖的落絮，吻破素来的沉默。站在阳光中，我看到自己渐渐成长，流泻在阳光中的长发泛着年少的光泽。长大了，才开始体味父母哺育自己的艰辛，于是在送给父亲的生日贺卡上写道：感谢你们，亲爱的双亲，感谢你们赋予我生命的骄傲，愿永生永世都做你们疼爱不尽的小女儿……

在那些有路无路的地方，我提着一盏灯笼，慢慢延伸我脚下的方向。何时看尽云卷云舒，何时寻到明亮灯火，也许这些都无从知晓，回答自己：悄悄等候。

■ 赏析

难捱的日子一天天重复着单调的节奏。

生命在日子里发芽，成长，枯竭。这无休止的轮回之中，谁能静下心来，认真恬读日子深层的韵律？谁能因拥有每一个日子而按捺不住自己的心跳和激动？

在看似庸俗的每一天，你会不会"一日日有了新的发现"？你会不会认清自己的方位？默默奉献，悄悄等候生命所创造的奇迹？

■ 生命的感染（外二则）

>> 廖 原

只有生命存在才有可能被感染，而生命是不惧怕感染的，可以被感染，也可以抵御感染，无论是被感染还是抵御感染都使生命更具活力。

曾听说——一位工人野外作业时被电击而心脏停止跳动，做人工呼吸无效。在旁的一位医生身边只有一把水果刀，情急之中医生用这把小刀切开他的胸腔，以手折断肋骨数根，将手探入胸腔提动心脏使之恢复跳动，工人"死"而复生。

所有的人，尤其是医界人士闻后都惊叹，惊叹之后又很疑惑地说：这个人也许不太懂医，他这么做，难道不怕病人感染吗？

应该说，在那种情况下，那个医生绝对伟大，他做出最佳选择，让病人感染。因为只有生命存在才有可能被感染，而生命是不惧怕感染的，可以被感染，也可以抵御感染，无论是被感染还是抵御感染都使生命更具活力。

永不受感染，只有一种情况，那就是生命已不复存在。

两人窄弄

两幢工作关系密切的大楼，为了方便起见，两楼间开设了一条通道，通道很窄、很长。

他和她在不同的楼里工作，平时在大院里常遇见，面熟，却从未说过话。

这一天他从通道那头走来，她正从通道的这头走去。眼看着越走越近，似乎不能没有表示，他笑一笑，她也笑一笑。

几天后他俩又在通道相遇，这回他友好地说了一句什么，她也友好地说了一句什么。

以后两人越来越亲密并成为伴侣，但终究合不来又分了手。

分手时他心平气和地对她说：也许是那条窄长的通道捉弄了我们，假若当初我们是在广场上开始的，那肯定不一样，因为那是在人海中互相寻到的，而我们是被窄弄逼迫到一起的，不分手才怪。

付出时间

买东西所付出的其实并不是金钱，而是时间。"再过五年，我就能储到足够的钱买那幢度假屋了。那时候我便可以放松下来。"这就是说那座房子要花掉你五年时间。

你不妨把房子、汽车或其他东西的金钱价值转换为时间，再看看它是否值得。有时你能做你想做的事情，或立刻拥有你所要的东西，就是因为每样事都需要付出或多或少的时间。说"花时间"并非只是个比喻，现实生活的确是这样运作的。

■ 赏 析

《生命的感染》揭示了这么一个道理：生命随时随地都可能被"感染"，只有具备"抵御感染"的能力，生命才会显得"更具活力"。

《两个窄弄》告诉我们：你周围的空间多么宏大，为什么要把自己束缚在那条"窄弄"里呢？要知道，只有投入真正的生活当中，你才有更多的选择生活的途径。

"时间"和"金钱"之间，总是相互关联在一起，但"金钱"不能支付人的生命，而"时间"却在一点一滴地耗费着你的生命，二者之间，你更在意什么呢？这就是《付出时间》带给你的思索和启迪。

■ 时间，我最无法捉摸

>> （南斯拉夫） 安德里奇

无论白天或夜晚，梦中或醒着，我觉得时间就像水和火等自然力一样，时而温驯、善良，时而恶毒、可怕。我会由于缺了它而感到窒息，我会感到它在焚烧和毁灭我，我也会在时间中浮动、游走，轻松自如，像个超人一样。我任何时间都明白，那只是个令人折磨的幻影，只是我们自身的一个脉动值而已。

时间，我最无法捉摸。理解时间，利用时间，感觉时间，所有这些都是我天天遇到的难解的谜。无论白天或夜晚，梦中或醒着，我觉得时间就像水和火等自然力一样，时而温驯、善良，时而恶毒、可怕。我会由于缺了它而感到窒息，我会感到它在焚烧和毁灭我，我也会在时间中浮动、游走，轻松自如，像个超人一样。我任何时间都明白，那只是个令人折磨的幻影，只是我们自身的一个脉动值而已。要不，就根本谈不上它的存在。在第一次脉动之前和最后一次脉动之后，我们那永恒的虚无在无极中延伸。难以衡量，难以阐解，难以领悟也难以表述，但却存在于我们每一个思想，每一声叹息，每一个吐出的字眼，每一滴咽下的水和每一块吞下的面包之中。

■ 赏 析

时间这么多，它就在我们的身边，大把大把地丛生着，拥动着，它多么诡秘地笑着，戏谑着所有繁忙或混饨的生命。

　　时间这么少，当你还没有看清它的模样，它就溜走了，它在"焚烧"和"毁灭"生命的同时，又不断地消耗着自己的能量，它和你的生命同步，它呵护着你的生命，又那么无情的摧毁着你的生命。

　　呵，可憎可恨可爱可怜的时间呵。

海上日落

>> 李晚禾

面对落日，我能体会到自然的弥足珍贵，眼前是天海合一的红色，脑中浮现出随着火车的疾驰而退去的梯田，那是无尽的绿色，夹杂着星星点点的土黄。大千世界，芸芸众生，谁不需要阳光的抚育？而那奉献了一天的太阳，在隐下海面的瞬间还在竭力地燃烧，渲染洁白的浪花，点缀深蓝的大海，这怎能不使我对落日肃然起敬？

任凭海风夹着浪花打在我的脸上，任凭甲板上有多么喧闹，都不能妨碍我凝视天边那庄重的红色。

——夏日的日出总是被蒙蒙的雾气扰得一团糟，而在夏日观日落却是异常美丽的，特别是在海上。

落日从不像初升的朝阳那么性急，雀跃着跳上海面，而是缓缓地向下移动，羞涩地用大海掩住半边脸庞，满载着对大海的眷恋，对浪花的不舍。

落日不是海市蜃楼的云霞明灭，它就在天边，就在我的眼前，它比任何时候的太阳都要大、都要圆，燃烧在天边，也燃烧着我的脸颊。落日最包容，在它面前，没有沧海一粟的哀叹，因为太阳就与你面对面，正用自然特有的目光注视着你……

落日不同于其他时间的太阳，它呈现出一种最凝重的红色，这色彩又自由地延伸，将它周围的天空也染得浓浓淡淡，或隐或现沉浮于海的尽头。不知是由于海浪的起伏还是落日灼热的光芒，空气似乎也飘忽不定地闪烁着橘红色的光辉。大自然的鬼斧神工仅以一种红色就在海天之间展开了一幅绮丽无比的画卷。水光之中，那天边的红色在流动，奔腾中又窃露了点点金色，继而整个海面都掀起了金色的浪潮。金色闪动着、变幻着，此消彼长，连飞溅起的浪花都犹如流光溢彩的明珠。我忽然萌发了做一朵浪花的渴望，融入流动的红色。我又奢望着我是大海，可以毫无阻隔地拥抱那轮红日。

面对落日，我能体会到自然的弥足珍贵，眼前是天海合一的红色，脑中浮现出随着火车的疾驰而退去的梯田，那是无尽的绿色，夹杂着星星点点的土黄。大千世界，芸芸众生，谁不需要阳光的抚育？而那已奉献了一天的太阳，在隐下海面的瞬间还在竭力地燃烧，渲染洁白的浪花，点缀深蓝的大海，这怎能不使我对落日肃然起敬？

落日只剩下一半了，天边凝重的红色似乎隐藏了起来，苍穹换上了更神奇的装束，太阳的七色——赤、橙、黄、绿、青、蓝、紫，全部润染于天边，过渡自然却色彩分明，各种色泽随着天空浮云的翻转，显现出细细的纹路。深蓝色的大海停止了金色的喧嚣，以庄严的颜色平静地目送落日的离去。落日渐渐离去，水天之际还闪着一丝微红，海面笼着一层淡紫色，那是落日留下的最后的光芒。

海风袭来，轻拂着旁边一位老者苍苍的白发。我望着天边残存着的金色波澜，"夕阳无限好，只是近黄昏"，但这并不是悲哀。当海上升起第一颗明星时，我知道，它反射着刚才那轮落日的光辉，而那轮落日更孕育着明天喷薄欲出的朝阳！

■ 赏 析

"文意贵新"。作者没有着眼于喷薄的朝阳，而是感慨沉沉日落，洋洋洒洒的文字将落日、暮霭以及大海描绘得美轮美奂，标新立异，与别个不同。

"文思贵真"。从日落看人生，并没有丝毫悲凉凄楚之感，反而让人觉得这是一种壮美的极致，相比之下，落日所孕育的显然较朝阳深刻得多。有人生、有收获、有激情，更有新的希望。文思隽永，真切感人。

　　"文笔贵自然"。丰富的想象及自如的行文使文章行云流水般洒脱随意，毫无斧凿之感却又斟词酌句，可见笔力的深厚。色彩的把握、动态的揣摩、神态的描摹……掩卷而思，这是一幅多么生动的画面，有谁不会被这种奇妙而神圣的感觉所打动呢！

■ 该我付账了

>> （美国）　里查德·科恩

　　一杆小小的烟斗，陪伴父亲与我走过多少艰难与欢欣"谢谢你为我所做的一切。"父亲什么也没说，只是久久地拥抱着我，久久地。

　　几年前，我和父母妻儿在一家餐馆共进晚餐，这是把菜名随便写在黑板上的那一类餐馆。美餐一顿以后，服务员把账单送到了桌子上，可接下来的情形是：我父亲无动无衷，并未像以往一样掏钱付账。

　　席间谈话在继续。我心里渐渐明白，我已经被指望为支付账单的人啦！常常与父母在餐馆里聚餐，老是以为父亲永远是带着钱的人。如今可不一样，我伸手拿过帐单，忽然觉得自己已长大成人了。

　　有些人用数年的生活来作为他们为人一世的界石，而我的生命之长绳却是一些琐事给打上一个个小结——诸如此类，都是各不同的进年典礼。想当年，我还只是一个地地道道的 13 岁的孩子，就已经怯生生跨进了一家店铺之门，到那里工作，有人称我"先生"，连呼几遍，直瞪瞪地看望我。这初涉人世竟如同猛然一拳砸懵了我：什么，一转眼我就成了先生么？

　　小时候，那些警察在我的眼光里似乎总是又高又大，甚至成了庞然大物，当然，他们比我年长，忽然有一天，他们不高、不大、也不年长了。事实上，他们中的有些人还是孩子——尽管孩子期转瞬即逝。忽然有一天，我发现我观赛的那些足球队员都比我年龄小，他们只不过是大孩子而已。我曾经幻想过有一天会成为一名足球健将，可脚上的功夫还没到家，年龄已经倏忽见大。

　　我从来没想到我会像父亲一样在电视机前酣然入睡，可如今，在电视机前我睡得最香；我从未想到我会到了海滩而不下水游泳，可如今，我把整个八月都消遣在海滨而没有下过一次海；我从未想到我会去欣赏什么歌剧，可如今，剧本情节的悲怆哀婉，演员的声调与管弦乐的效果竟深深地打动了我的心；我从未想到我会守在家里打发睡觉前的晚上光景，可如今，我发现自己竟常常会拒绝了出席各式各样的晚会。过去我总觉得那些养鸟的人孤僻古怪，不可理解，可今年夏天，我发现自己也在照看一群鸟儿，而且说不定还会写一本关于养鸟的书哩！我一直深感愧悔的是，我从未在感情上有过亲近远离人世的祖先们的愿望，也没有想到会像父亲一样与自己的儿子发生种种争论，可这些初衷都已经被我一一抛弃。

一天，我终于买下一套房子。一天——多么伟大的一天！——我成了一位父亲，而且不久以后的一天，我又取代我的父亲支付了那份帐单。我觉得这就是我的进年典礼。又有一天，当我又老了以后，我认识到这也是我父亲的进年典礼，一块人生的里程碑。

■ 赏析

时光飞逝，一切的一切，都成了甜美的回忆，是酸涩？是抑郁？还是对生命深深的洞悉？

长大了，长大了……长大是一种幸福，长大也意味着要担负一定的责任，"我"不可能永远生活在那个天真烂漫的时代，时间已经毫不留情地在"我"身上打上了深深的烙痕。每一份"进年典礼"，都意识着"人生的一块里程碑"，每一个细微的变化，都蕴含着生命流逝的声音……

■ 忙里偷闲

>> （美国）　爱尔斯金

最后还剩一条命，用来从从容容地过日子，看花开花谢，人往人来，并不特别要追求什么，也不被"截止日期"所追迫。

其时我大约只有 14 岁，年幼疏忽，对于卡尔·华尔德先生那天告诉我的一个真理，未加注意，但后来回想起来真是至理名言，嗣后我就得到了不可限量的益处。

卡尔·华尔德是我的钢琴教师。有一天，他给我教课的时候，忽然问我：每天要练习多少时间钢琴？我说大约每天三、四个小时。

"你每次练习，时间都很长吗？是不是有个把钟头的时间?"

"我想这样才好。"

"不，不要这样!"他说，"你将来长大以后，每天不会有长时间的空闲的。你可以养成习惯，一有空闲就几分钟几分钟地练习。比如在你上学以前，或在午饭以后，或在工作的休息余闲，五分、十分钟地去练习。把小的练习时间分散在一天里面，如此则弹钢琴就成了你日常生活中的一部分了。"

当我在哥伦比亚大学教书的时候，我想兼从事创作。可是上课、看卷子、开会等事情把我白天晚上的时间完全占满了。差不多有两个年头我一字不曾动笔，我的借口是没有时间。后来才想起了卡尔·华尔德先生告诉我的话。

到了下一个星期，我就把他的话实验起来。只要有五分钟左右的空闲时间我就坐下来写作一百字或短的几行。

出乎我的意料，在那个星期的终了，我已累积有相当的稿子准备修改。

后来我用同样积少成多的方法，创作长篇小说。我的教授工作虽一天繁重一天，但是每天仍有许多可以利用的短短余闲。我同时还练习钢琴，发现每天小小的间歇时间，足敷我从事创作与弹琴两项工作。

利用短时间，其中有一个决窍：你要把工作进行得迅速，如果只有五分钟的时间给你写作，你切不可把四分钟消磨在咬你的铅笔尾巴。思想上事前要有所准备，到工作时间届临的时候，立刻把心神集中在工作上。迅速集中脑力，幸而不像一般人所想象的那样困难。

我承认我并不是想使五分十分钟不要随便过去，但是人类的生命可以从这些短短的间歇闲余中获得一些成就的。卡尔·华尔德对于我的一生有极重大的影响。由于他，我发现了极短的时间，如果能毫不拖延地充分加以利用，就能积少成多地供给你所需要的长时间。

■ 赏 析

积少成多，积腋成裘。

时间对于我们每个人来说都是公平的。你不能指责它的风疾它的残酷，相反，你只要善于抓住它的一分一秒，成功就会伴随着你。

人生如过眼烟云，稍一疏忽，我们便会到达坟茔的近旁，错过那良辰美景青春韶华。"利用短时间"，"供给你所需要的长时间"，把有限的时间投入到你无限的工作之中，获取生命的乐趣生命的愉悦。

■ 松花酿酒，春水煎茶

>> 楚　衡

茶要独品，酒需共酌。

兴亡千古繁华梦，诗眼倦天涯。

孔林乔木，吴宫蔓草，楚庙寒鸦。

数间茅舍，藏书万卷，授老村家。

山中何事，松花酿酒，春水煎茶。

《人月圆·山中书事调元·张可久》

折一身瘦骨，踩雨后的虹桥，进山。

在山山与树树的夹缝间辟半亩薄地，起一间柴屋，只栽松柏。男松站远些，刚劲孔武，护塞戍边；女松倚近些，端茶递水，红袖添香。老松可对奔，小松可共舞。酒醉茶酣也可以手推松曰："去……。"山认樵夫给树，水认渔翁给鱼，我非樵非渔，拥有一切，无路则处处是路。

山中何事？

闲闲地餐风饮露，忙忙地耕云种月。

写几行骈文骊句，用松针钉在篱笆上，花朵来读有花香，蝴蝶来读有蝶味，萤火虫来读有萤火，山鬼来读有鬼意，仙人来读有仙气……诗越读越厚，日子越读越薄，生命越读越轻。

明天有明天的落叶，后天有后天的事情。

反正这山中没个忙人，反正这山中没个闲人。

蓄了一春的露，檐前的小陶瓮也该有个七八个了。日头下拿进新糊的红泥小炭炉，用去岁晒干的花尸燃火，才不会把水煮老。宠自己一回，今年就用那把从来舍不得用的养得釉亮的晚唐小壶。一盏香茗一炷檀香，一人独对一山，一心静对一世，往日的尘缘都记不起来了，那就喝眼前的茶吧。

茶要独品，酒需共酌。这好山只归我一人所有，让我如何能信？可不，山中无甲子，大约在三个秋天之前就有山背后住着的一蓄着长长白髯的老翁来访，用一串铜钱来换我的松花酒。我说如今通用银子，他不懂。好说歹说，用他编的三双草鞋换去我两竹筒酒。并向我打探山外的世道，我故意很使劲地想，然后说是元。他诡诡地一笑。笑得我心里发虚。再问我进山的道，我指了东西南北，他丢下两句没头没脑的话，径自去了。此后也就是隔山说些阴晴圆缺的话，也没什么大来往。

年前去找他对酌，只见两间茅屋，一间紧闭，并用草绳紧紧拴了门环，另一间便住人，极其简陋。奇的是窗上糊纸竟是三民主义党派宣言，依稀可辨三五字句："兴亡千古繁华梦，诗眼倦天涯。孔林乔木，吴宫蔓草，楚庙寒鸦。"倒是好句，只是意未尽而气未结，加上无奈的沧桑像一件短衣，终究遮挡不住底下曾经的少年血气，不知那双倦了的诗眼在后句中将望向何处，无从寻觅。更奇的是宣纸泛黄，浮着一层虚幻的锈色，却明明白白一阵墨香，再偷觑那间紧闭的屋，门缝里逼来一股霉味，难以迫近，老翁一脸不悦，连忙知趣告退。疑惑便自此悬于心头。

眼看秋叶落尽，陈酿已快见底。日日忙着拾掇松花酿新酒，我叫它花雕它就叫花雕。想着借开春送酒话个暖，再去一探究竟。

孰料面对的竟是一堆废墟，老翁已灭了迹。捡出一残破条幅，却是新纸新墨写着："数间茅舍，藏书万卷，投老村家。山中何事……"紧接着是一枝简笔墨梅。想来或是一时无句，信手涂梅，或是墨未干尽而笔已秃，扔又不舍，意犹未尽，想想，也罢也罢，秃笔余墨画梅正好，点点梅瓣，拙得很有逸气。我心中悬石轰然而落，方知是我的眼拙了，那紧闭柴屋当藏万卷诗书，山中潮气重，书霉得也重，而这布衣老者便是隔世的骚人墨客，隔世，隔几世？唉，究竟是遗憾还是那幅墨梅枝桠间的最好留白？

老翁与书此去何往？山更高的山……天以外的天……

若下一世能相遇，在红尘便罢了，若还在山中，我必送他一壶花雕，外加两句词："松花酿酒，春水煎茶。"他当有会心一笑。

一盏淡茶，一壶薄酒。

山是空了的山，老翁是空了的人。

■ 赏 析

"山是空了的山，老翁是空了的人。""空"在何处？依我看，"空"在老翁的心境。远离驳杂的凡尘，隐匿于山中，"数间茅舍，藏书万卷"，地、火、水、风皆无影踪，此谓四大皆空。

置身于空缈的世界，领略人世之外的万种风情，陶陶然而不觉时辰更迭，悠悠然而自得其乐，此番心境，哪是凡夫俗子所能比及？

千古繁华原只是过眼烟云，"老翁与书此去何往？山更高的山……天以外的天……"

■ 走向明天

>> 王安雄

山花坚持走自己对外开放的路，摆脱了昨天蓓蕾的封闭图式，不满足于今天如火如荼的初绽。为的是创造明天的灿烂。

春笋坚持走自己节节攀高的路，穿越了昨天困囿于幽深的梦境，越过今天与她一般高的沉湎于随风轻舞的悠闲生活的柔草。

为的是走向明天的凌云。

小溪坚持走自己长途跋涉的路，告别了昨天巨石留给她的夹缝，告别今天群峰留给她的弯弯曲曲的峡谷。

为的是迎接明天的广阔。

山花坚持走自己对外开放的路，摆脱了昨天蓓蕾的封闭图式，不满足于今天如火如荼的初绽。为的是创造明天的灿烂。

春笋懂得小溪懂得山花懂得：

坚持的昨天叫立足。

坚持的今天叫进取；

坚持的明天才叫成功。

■ 赏 析

春笋节节攀高，"为的是走向明天的凌云"；小溪长途跋涉，"为的是迎接明天的广阔"；山花对外开放，"为的是创造明天的灿烂"。它们立足于"坚持的昨天"，进取在"坚持的今天"，成功在"坚持的明天"。

坚持是搏击海浪的风帆，不惧艰险，不惧磨难，驶向远方的湛蓝；坚持是傲对风雨的羽翼，不怕打击，不怕暗箭，飞向晴朗的天空。

做事不能坚持的人，很可能难退而退，半途而废，最终一事无成。只有坚持前进的人，才能到达胜利的峰巅，屹立于群山之顶。他们走出的，是一条曲折但却辉煌的人生之路。

坚持吧，朋友！坚持的明天将无比绚烂！

夏夜叙谈

>> 万 铭

月光柔和地泻在院子里，和着树下草丛里的蟋蟀鸣声，格外和谐。不时有轻柔的和风拂过，给静谧的夜带来阵阵清爽，飘送淡淡的花香。

夏日的夜晚，院子里，梧桐树下摆着一张石桌，桌旁一家人正亲密地交谈着。月光柔和地泻在院子里，和着树下草丛里的蟋蟀鸣声，格外和谐。不时有轻柔的和风拂过，给静谧的夜带来阵阵清爽，飘送淡淡的花香。

啪！随着细微而清晰的一声爆裂，梧桐树的一块老皮剥落了，露出鲜嫩的新皮。

女儿看了看那剥落的老皮，再看看鲜嫩的新皮，不由满脸的欣喜，脱口赞道："这老树皮多伟大啊！它用自己的身躯挡住了风刀霜剑，却用自己的温暖来孕育鲜嫩的新皮，这是如何的一种父爱呀！它多么值得我们赞赏和景仰！"儿子却凝视着那块鲜嫩的新皮，如凝视着一种希望，惊喜地说："瞧，这新树皮，这是如何的清新！它不愿别人的庇护，它要见识外面世界的大风大浪，这需要多大的勇气，它给大自然带来的是清新和生命，也为自己迎来挑战，这正是生命生生不息，新陈代谢的崇高之处！"

父亲听着，看了看儿子和女儿，又摇了摇手中的蒲扇，深有感慨地说："我希望人世间的一切都能像你们所说的那样，充满关心爱护，充满竞争挑战，长江后浪推前浪，你们应当比我更有所作为才是。"女儿和儿子都不由地点了点头。

夜，依然寂静，月色，依然溶溶，而周遭的世界，也更为融洽与和谐了。

■ 赏 析

人类犹如一棵大树，老树皮伟大，用自身遮挡了风刀霜剑，孕育着鲜嫩的新皮；新树皮生机勃勃，为大自然带来清新的生命！而人与人之间，只要充满理解和关爱，人类就会在不断的新陈代谢中、生生不息、世代延继。人类这棵大树，就会沐风浴雨，郁郁葱葱，兴旺茂盛撑起人类社会的艳阳天。

■ 时间大消亡

>> 周　昕

　　苏联历史学家雷巴科夫曾说："时间是个常数，但对勤奋者来说，是个变数。用'分'来计算时间的人，比用'时'来计算的人，时间多五十九倍。"

　　我本不想记什么日记。停电了，不十分暗，教室里充满了嘈杂声，并无多少人在读书，大笑、大嚷、大叫的人却不少。到底是学文的，才华是要横溢的，总得有市场供发泄，不是吗？我顺手拿起一本书，并不重要，是语文书，随便翻了几页，是高尔基的《时钟》，只看了一句话，我一惊："我自生下来那天就在一天一天地接近死亡。"

　　我怕了。想起刚才自己与邻座的闲聊，想起政治课上涉及的时间观念，想起老师加了感叹的"人生只有二十二亿秒！"想起眼前听见的自己亲爱的同学们、朋友们在夸夸其谈中度日，我内心中充满了慌乱与恐惧。难道我们在一天天地接近死亡，接近死亡？

　　时间是构成生命的材料。显而易见，浪费时间就等于浪费生命。人的生命对于整个宇宙系统来说自然是微不足道，但同样的八十岁，人家可能硕果累累，丰功伟绩，而你却碌碌无为，一无所有；同样的一天，也许人家发现了"万有引力定律"，而你却喝得酩酊大醉，醉语之后便蒙头大睡，昏昏噩噩地从早到晚。由此可见有很大一部分人对时间的概念仍旧认识模糊。朱自清先生在《匆匆》中曾语："我觉察他去的太匆匆了，伸手遮挽时，他又从遮挽着的手边过去。"这也深刻地向我们揭示了时间的短暂性和不可复返性。当你无所事事之际，它已悄悄从你身边溜走，永不回头。忧愁？忧愁是无用的，而且就在你愁肠郁结、感慨万分的时候，时间依然不留步，直到你生命的最后一息。也许你会问：生命难道就这样简单？不，生命不简单，相当不简单，这要看你如何把握生活，如何驾驭生活，是否是生活的真正主宰。

苏联历史学家雷巴科夫曾说："时间是个常数，但对勤奋者来说，是个变数。用'分'来计算时间的人，比用'时'来计算的人，时间多五十九倍。"文学巨匠鲁迅先生就是把别人喝咖啡的时间用在写作上，所以他的作品才能够形成自己独特的风格，成为千古绝唱，给反动政府以致命的打击。他曾说："时间，就像海绵里的水，只要愿挤，总还是有的。"这就告诉我们要想不成为时间的奴仆和被统治者，就要拿出信心和勇气，和时间作斗争，和生命作斗争，使有限的生命在事业和人世间得到永生。高尔基说："当一个人同妨碍他生命的事物进行斗争时，生活便会比什么都更加充实，更有意义。在斗争中，苦闷无聊的时刻便会不知不觉地飞驰而去。"这已明确向我们指出生命只有在斗争中才能显示出无限生机，显示出它的价值和意义。一个敢于斗争敢于胜利的人一定是一个热爱生命热爱生活的人！

我们青年学生更要把握住时间，学好基础学科的基础知识，以求在今后的深造中有进一步发展。记住岳飞的话吧："莫等闲，白了少年头，空悲切！"

嘈杂声把我从日记中拉回来，放学了，大家纷纷走出教室，电还没有来。

■ 赏析

时间是把尺子，它可以测量人的一生；
时间是台电脑，丰富精彩的画面会让你不愿停下；
时间是生命，即使是那么几秒，也可决定一个人的生死；
时间是财富，拥有与否，可使你成为富翁或穷光蛋。
时间就是人的一生，只要我们把握了时间，就等于把握了自己的一生，只要我们把握了时间，就不会有"白了少年头，空悲切"的感叹！

■ 钟 声

>> 徐洪平

风雨中我们共撑一方帐篷，泥泞中我们共越一道沟堑。不要刻意追求个人的千古流芳，即使身后没有坟茔，没有墓碑，只要我们尽心竭智为21世纪的大厦添砖加瓦，我们就会无怨无悔，因为这山、这水、这方天地会为我们作证，我们与时代同在，我们做出了我们应有的努力！

晨钟惊醒了北国冰冻的河床，暮鼓震撼着南方沉寂的原野，一个辉煌且伴随着艰难阵痛的时代已经开始。世纪之行的起跑线上，一轮旭日喷薄而出，海洋中跃动的浪潮正滚滚涌来——历史赋予我们这一代一个千载难逢的机遇：21世纪的钟声极富韵律地敲响了！

朋友，你是否听到这紧凑的、清越的、泠泠的钟声？你是否意识到这泠泠的、清越的、紧凑的钟声在计量着人们已经逝去的分分秒秒，在警醒人们对现实生活中的理性思考，在激励人们对未来时代的辉煌创造？

嘀嗒，嘀嗒！

这钟声宣告了老牛拉破车的旧时代的结束，激光飞船的新世纪的开始。竞争是新时代的特征，超越是新时代的使命。我们和新时代同在，我们是新时代的主人。跟上时代的脚步吧，潇洒走一遭！在这艘驶向21世纪的航船上，我们都是水手；在这座跨世纪的大桥上，我们都是卫士。风雨中我们共撑一方帐篷，泥泞中我们共越一道沟堑。不要刻意追求个人的千古流芳，即使身后没有坟茔，没有墓碑，只要我们尽心竭智为21世纪的大厦添砖加瓦，我们就会无怨无悔，因为这山、这水、这方天地会为我们作证，我们与时代同在，我们做出了我们应有的努力！

嘀嗒，嘀嗒！

　　历史赋予我们的机遇来了，可机遇稍纵即逝，一不留神即失之交臂。有人说，把握机遇是伟人的事，是决策者的事，是全社会的事，可你是否想过，我们已经是社会的一分子。一滴水算不了什么，千万滴水汇成涓涓细流，千万条涓涓细流汇成澎湃的江河，浩淼的汪洋。不要哀叹个人力量的菲薄，聚沙成塔，集腋成裘。即使做一粒铺平道路的沙子，同样能感受到历史巨轮飞速转动的伟力。朋友，不要观望，也不要犹豫，赶快集合到时代的旗帜下来吧！把握时机，从我做起，从现在做起，在花季里，花要开得灿烂；金秋到来，果才结得丰硕。成功的美酒等待我们去开怀畅饮，欣喜的泪光定会在我们的眼中晶莹闪烁！携起手来，我们 12 亿炎黄子孙，争分夺秒、同心协力，一定会撑起东方的蓝天，托起一个崭新的世纪！

　　嘀嗒，嘀嗒！

　　晨钟融进了历史的教科书里，南风掀开了时代壮丽的诗篇。"要奋斗就会有牺牲"，牺牲并不可怕，可怕的是征途中抛下我们被淘汰的身影。人只有两种生活方式：腐烂与燃烧。胆怯而贪婪的人选择前者，勇敢而胸怀博大的人选择后者。也许有一天我们会倒下，但我们不会腐朽。我们会像那毅然扑向熊熊大火的飞蛾，袅袅青烟里涅口为一羽精卫，从那绿了的荒山上，青了的沙洲中，衔一枚橄榄，腾飞在新世纪的晴空里，把青春年华付与新的世纪。"仰不愧于天，俯不怍于地"，这才是我们生活道路上的美好归宿，把青春年华付与新的世纪。

　　嘀嗒，嘀嗒！

　　21 世纪的钟声在我们耳边响起。聆听着这清越而紧凑的钟声，一个伟大的震古烁今的声音萦绕耳际："一万年太久，只争朝夕！"

　　嘀嗒，嘀嗒……

■ 赏析

　　时间在"嘀嗒，嘀嗒"的钟声中逝去，生命也在"滴嗒，嘀嗒"的钟声里流逝。把握时机，从我做起，从现在做起，无论是少年，是青年，还是中年、老年，争分夺秒，拼搏努力，只要一生"仰不愧于天，俯不怍于地"，我们告别人世时，才真正做到与心无愧。

　　朋友，请让这"嘀嗒，嘀嗒"的钟声常鸣于耳。记住一句名言："一万年太久，只争朝夕"。

■ 黄昏小曲

>> 李玉敏

它来自生活的深处。它负着历史的重托。它已经超度了衰老的绝望的劫难。它是生命的诗，是时间最高的杰作。

那是个美得令人心醉的黄昏。

秋天的色彩已经很浓很浓了，天，蓝漾漾的。傍晚的太阳在远远的树梢上燃烧着，一点一点地向下坠着。有车马金戈声传来，有战鼓马嘶声传来……路旁直拔上去的杨树梢尖也染了些许血红。一两只归巢的小鸟惊了似的直飞起来，掠过树梢，发出扑刺刺的声音……

一条小路上，我走着。

身后，传来轮椅声。回头望时，一位老人推着轮椅，轮椅上坐着一位老妇，缓缓地走来了。夕阳，正默默地温柔地照在了他们的脸上。她，痴痴地望着血色的夕阳，点点泪光在夕阳中闪烁。他，无语地看着她，又无言地望望夕阳，目光坚毅又忧伤，什么也没说。轮椅"吱嘎"地响着，辗过阳光痕迹，他们走过去了……

是在怀念那段铭心刻骨的恋情？

是细数着曾共同拥有过的飞扬青春？

是品味着那共有过的风风雨雨？

我不知道，更无从问起。"吱嘎"声渐去渐远，他们的身影，渐渐溶入了下坠的夕阳中……

阳光照在我的身上，芳香的太阳味儿。我仰一仰头，拭去眼中的泪水……

■ 赏 析

最美还是夕阳红。

夕阳中溶入了多少遐想，多少追忆，多少感慨，……那轮椅之声，是不是岁月辗过时间发出的脆响？那忧伤而坚毅的目光，是不是往昔真实的写照和对人生执着的追求、向往？

作者于夕阳之中静听生命掠过枝头的声响，静静感悟生存之中的美丽和岁月伊逝的忧伤，听呵，那深沉而凝重的声音，可否触动你的心弦、你睿智的思想？